西藏簡明通史　下冊

恰白·次旦平措　諾章·吳堅　平措次仁
編著

目錄
CONTENTS

第四章　西藏分裂時期

第五章　薩迦巴統治西藏時期

第六章　帕木竹巴統治西藏時期

第七章　甘丹頗章政權統治時期

第三節

帕竹統治時期西藏的
經濟和文化的發展

一、帕竹統治時期經濟的發展

帕竹政權統治時期，是西藏經濟、文化向上發展的歷史階段。大司徒絳曲堅贊總結了歷史經驗，對第悉政權的行政制度作了一些改進。這些規定，雖然在王扎巴堅贊時期將宗交給固定的官員世代管理，後來歷代第悉也依據當時的實際情況作了改動，但從根本上看，絳曲堅贊所確定的制度與當時社會發展的需要基本上是符合的，它對西藏經濟的發展發揮了很大作用。

例如，薩迦巴統治西藏的時期實行的萬戶長制度，高僧和大的官員分別掌握一部分權力，可以世代相傳，導致不斷發生爭權奪利的事情，使一些地區多次發生動亂。當時統治整個西藏地區的薩迦政權，後來分裂為多個拉章，因各拉章和本欽間的矛盾，上下離心，使薩迦巴無法有效地管理指揮，農牧民群眾的生產無法正常進行，生活無著，無力抗禦自然災害。這些造成經濟基礎和上層建築不相適應，其政權只維持了七十多年。

從大司徒到王扎巴堅贊之間的三十多年中，各個宗的主管官員是輪換的，由於是短期的掌管，不致因權勢之爭而造成所管轄的地區之間的戰亂，社會安定，使農牧民群眾得到發展生產的機會，群眾的生活有了改善和提高。

但是到王扎巴堅讚的時期，他將部分宗的主管官員改為固定任職的辦法，這在短時期內大臣們還能奉公效力，有一定的好處，但是到了王扎巴迥乃的時期，薩迦巴統治時期的弊病又再度出現，私家領管宗的貴族全都維持自己利益出發，不管帕竹政權的軍兵如何，私人都合法掌握著一支軍隊，而帕竹第悉無法對他們進行干預。後來地方貴族各自的兵力越來越大，並分別傾向噶舉或格魯等教派，終於在前後藏各處點起戰亂的火焰，使帕竹政權動盪不定，最後衰落到僅存政權名義的地步。

不過這種局面對臣民百姓來說，卻不完全是壞事，帕竹的屬民百姓沒有賦稅的負擔。因為在帕竹政權時期地方貴族相互發生戰亂時，臨時徵集的兵員，要由地方貴族自行設法安排，而臣民百姓除了固定的賦稅和勞役之外，似乎沒有以軍事需要為理由的新增的沉重差稅負擔。

不管怎樣，帕竹政權時期總的說來可以算是西藏經濟發展，人民生活有所改善的時期。由於缺乏當時經濟方面的統計數字的資料，無法進行定量的分析和論述，然而，從當時西藏文化和建設方面的發展情況，可以從側面反映出當時經濟發展的情況。

二、帕竹統治時期文化和建設事業的發展

1、語言文字學和詩詞學

　　使用至今的藏文和藏語言文字學的理論自吞米桑布扎創製以來，經過了多次釐訂，一直到帕竹時期最後完成了現今使用的文字的寫法和統一的文法。這就是夏魯大譯師卻迥桑布在西元一五一四年所著的《正字寶匣》、《文法注釋明論》；巨敦仁欽扎西在西元一五三六年所著的《新舊詞語論——丁香寶帳》；貝康譯師阿旺卻吉嘉措在西元一五三八年所著的《正字學——語燈論》。由於他們這些著作的完成和傳播，藏文文法正字學確定下來了。

　　在詩詞學方面，這一時期有許多大學者為《詩鏡論》新寫了注疏，其中有夏魯大譯師卻迥桑布所著的《詩鏡論注釋誦讀義成》，仁蚌巴阿旺濟扎所著的《詩鏡論注釋——無畏獅吼》等。由於這些著作的講習傳授，使得西藏完成了自己的獨特的詩詞學理論體系，使西藏的文學藝術水平比以前有了很大的提高。

　　例如，藏寧·夏如嘎（即桑吉堅贊 1452-1507 年）編著的《米拉日巴傳及道歌》、宗喀巴大師所著的《常啼菩薩的故事——如意寶樹》、《京俄扎巴絳曲的故事——福力的須彌山》、《難作詩體修飾》，象雄巴卻旺扎巴所寫的《羅摩衍那的故事》，仁蚌巴阿旺濟扎所著的《薩迦班智達傳——賢動善道》等，都是具有完美的詩歌形式和深刻含義的優秀新文學作品。

2、關於大藏經等經典的編定及木刻印刷的發展

　　關於藏文大藏經《甘珠爾》，是在帕竹將要實現對整個西藏統治

時，蔡巴貢噶多吉寫造了一部完整的用金汁和銀汁書寫的《甘珠爾》，並請布頓大師擔任校訂，蔡巴貢噶多吉自己為這部《甘珠爾》編寫了目錄，起名叫《白史》，其中有《甘珠爾》的目錄以及寫經的經過等。這部《甘珠爾》據說有二六〇函，通常稱之為蔡巴《甘珠爾》。此後，帕竹政權的首任第悉大司徒絳曲堅贊興建了澤當大寺院，在寺內設立講經院，同時也新寫造了金汁書寫的《甘珠爾》。在王扎巴堅贊執政的時期，寫造了兩部完整的金汁書寫的《甘珠爾》，和一部金汁和銀汁混合書寫的《甘珠爾》，還有一部墨汁書寫的《甘珠爾》。

西元一四三一年，江孜法王熱丹貢桑帕巴以納塘版的《甘珠爾》為底本寫造了一部完整的金汁書寫的《甘珠爾》，通常稱為「江孜定邦」本。從此以後便形成了每年新造一部《甘珠爾》、《丹珠爾》的例規。

關於這方面的情形，在《熱丹貢桑帕巴傳》中記載說：「（熱丹貢桑帕巴）四十三歲的陰鐵豬年三月十四日吉日（鬼宿日）起，進行寫造譯成藏文的所有善逝佛所說經典即藏文大藏經《甘珠爾》，次年陽水鼠年（1432 年）開始寫造執掌佛法的大德們對佛經的注疏和論著即藏文大藏經《丹珠爾》。從尼木迎請了寫經的堪布仁波且桑吉堅贊師徒等人，首先寫造了《聖法寶積經》、《般若波羅蜜多二萬頌》，從此以後，在法王本人在世的期間，金汁書寫《甘珠爾》一套、墨汁書寫《甘珠爾》一套，寫成全套的《甘珠爾》，並且提供了直至此劫之世界空壞之前不中斷寫經的例規的資具。」[1]

1　晉美扎巴《江孜法王熱丹貢桑帕巴傳》，西藏人民出版社 1987 年版，第 169 頁。

這裡所說的寫造《甘珠爾》的例規一直沿襲到一九五九年西藏民主改革以前。

在帕竹第悉政權的時期，漢藏民族間的文化交往比以前更加廣泛深入，這促進了木刻印刷技術在西藏的廣泛發展。

西元一四一〇年即藏曆第七繞迥的鐵虎年，明朝永樂皇帝派內臣太監侯顯到西藏迎請了準確可靠的《甘珠爾》、《丹珠爾》的底本，並以此手抄本為準在南京刻版印刷了全套的藏文大藏經《甘珠爾》，這是藏文《甘珠爾》的首次刻版印刷。這次的《甘珠爾》刻印本的嶄新樣本獻給了五臺山，另外給西藏楚布寺的噶瑪巴和宗喀巴大師等人作為禮品各贈送了一套。由此開始了西藏的用木刻版大量印刷書籍的歷史，使得西藏的木刻製版技術有了迅速的發展。《宗喀巴大師文集》、《薩迦五祖文集》等著作都刻版印刷，流通於世，對藏民族文化發展起到了空前的推動作用。

藏文楷書字體的規範，吐蕃三個地區雖有不同的方言，但書面用語沒有大的差別，保持了基本統一，這些都得益於木刻印刷術的發展。此後到西元一五九四年，明朝萬曆皇帝之時，在北京刻印了全套的《甘珠爾》和《丹珠爾》中的四十二函，這被稱為大藏經北京版，當時擔任這部大藏經《甘珠爾》、《丹珠爾》的刻版校訂工作的是噶瑪巴紅帽活佛第六世卻吉旺秋。

在藏族地區首次刻版印刷《甘珠爾》的情形是，西元一六〇九年即藏曆第十繞迥的土雞年，噶瑪巴紅帽系第六世活佛卻吉旺秋在咱日的措噶駐錫時鼓動姜域傑波（即雲南麗江的納西族木氏土司）索南熱丹刻印一部完整的《甘珠爾》，索南熱丹按他的指示，提出需要從西

藏迎請一部清楚準確的《甘珠爾》作為刻版印刷的底本，於是從西藏迎請了存放在瓊結秦瓦達孜城堡中的以前在帕竹第悉王扎巴迥乃時期由桂譯師宣努貝和噶瑪巴黑帽活佛米居多吉和紅帽活佛京俄卻吉扎巴等人多次校訂過的《甘珠爾》寫本為底本，刻印了全套的《甘珠爾》，費時十五年。（據說此版在麗江刻成，後由和碩特蒙古達爾嘉博碩克圖移至理塘，故稱麗江理塘版——譯者）

在以後的各個時期中，刻印的還有卓尼版《甘珠爾》、德格版《甘珠爾》、納塘版《甘珠爾》、布達拉雪印經院新版《甘珠爾》、昌都版《甘珠爾》等等。

關於藏文大藏經《丹珠爾》。在帕竹將要取得對西藏的統治權的西元一三三四年即藏曆第六繞迥的木猴年，由後藏地區的夏魯古尚貢噶頓珠擔任施主，以納塘寺的《丹珠爾》為基礎，寫造了一部完整的《丹珠爾》，由布頓仁波且擔任校訂，並且將前納塘本《丹珠爾》中未收入的一千多篇論著增加進去，還由布頓編寫了目錄，這部《丹珠爾》後來通稱為《夏魯丹珠爾》。

此後，由帕竹大司徒絳曲堅贊任施主，以《夏魯丹珠爾》為底本，並且增加《夏魯丹珠爾》未收入的二十七篇，寫造了一部完整的《丹珠爾》，共二〇二函，通常稱之為《乃東丹珠爾》。這只是當時寫造《丹珠爾》的幾例。

後來逐次刻版印刷的藏文大藏經《丹珠爾》有：納塘版木刻版《丹珠爾》、德格版《丹珠爾》，卓尼版《丹珠爾》等。

在帕竹政權統治西藏的時期，新寫造了大量的藏文大藏經《甘珠

爾》、《丹珠爾》寫本，特別是歷史上沒有過的《甘珠爾》、《丹珠爾》的木刻本發展起來，像雨後春筍，迅速增多和擴大。從這些事實中，也可以看出當時西藏社會安定、經濟得到一定程度發展的情形。

3、關於西藏醫藥和曆算事業的發展

①關於西藏的醫學。

西藏的醫學創始於新怡、宇妥兩位大師，藏醫學著作《四部醫典》出現後，又有新的實踐和發展。帕竹時期藏醫學出現了強巴和舒爾兩個學派。

強巴學派是強達南傑扎桑（西元 1394-1475 年）對藥物的氣味、藥效在實踐中考察後，以《四部醫典》為基礎，按照西藏北部地區的土質地勢、氣候、人們的生活習慣，結合自己治病的經驗，對《四部醫典》作了詳盡的注釋，新創了許多藥方。在藥物的辨認方面，經過後人的發展，形成了自己獨特的特點，並逐漸傳佈於全西藏。強達南傑扎桑本人在醫學方面有許多著作，其中的《居希注釋明義》、《醫學釋續注疏甘露源流》、《醫學後續注疏所需俱得》、《醫學四續注疏除暗明燈》等，一直流傳至今。

舒爾學派的主要代表是舒爾喀年尼多吉（1439-1475 年）等人。他們針對以達波、工布為主的西藏地勢較低的洛絨（南方）地區氣候溫暖濕潤的地理、氣候特點容易引發的腫脹、風濕等疾病的情況，總結治療這些疾病的獨特經驗，並不斷加以發展。他們以 《四部醫典》為基礎，形成了自己學派的理論觀點。舒爾學派在西藏南部地區為廣大群眾防病治病方面取得了值得稱頌的重要成就。舒爾喀・洛追傑波到山南扎塘地方時，由第巴雅郊巴任施主，在西藏醫學歷史上第一次

刻版印刷了《四部醫典》，這即是著名的《扎塘居希》，它對於在西藏廣大地區講習和發展《四部醫典》，起了巨大的推動作用。

②關於西藏曆算學。

在這方面強達南傑扎桑有十分卓越的貢獻。按照他本人的著作中反映出來的情況，他曾經拜許多這方面的善知識大德為師，學習各種顯密經論，尤其是追隨曲傑尊追堅贊和覺桑巴欽波嘉哇貝等人學習吉祥時輪方面的全部教法，成為十分傑出的學者，寫作了關於時輪和曆算各方面內容的許多著作。強達南傑扎桑講授時輪經並在西藏曆算學方面寫作了許多以前沒有過的論著，為了使曆算學的講習長期流傳下去，他培養了許多弟子，對他的貢獻，我們應該給以讚揚。

從強達南傑扎桑在曆算學方面的成就，我們也可以看出帕竹政權統治時期西藏曆算學的發展。

此外，在這一時期中，在曆算學方面有突出成就的還有布頓大師，朵浦巴‧喜饒堅贊，曆算學者「三個嘉措」即藏窮卻扎嘉措、克珠諾桑嘉措、浦巴倫珠嘉措等，他們也對藏族曆算學的發展起了重要作用。

4、關於西藏的歷史著作

這一時期出現的精通大小五明的學者多如天空的繁星，不可勝數，大都是佛學大師，在研究的同時，也撰寫了一批歷史著作。《布頓佛教史》成書於西元一三二二年，該書是西藏歷史上第一部成型的教法史，後期同類著作都是以它為藍本的。作者布頓仁欽珠（西元1290-1364）是著名的佛學大師，後為夏魯寺寺主，在夏魯寺三十六年中，著書多達二百多種。

《賢者喜宴》成書於西元一五六四年，作者巴俄・祖拉陳瓦（西元 1503-1565 年），是噶瑪噶舉派乃囊寺二世巴俄活佛。他的《賢者喜宴》是一部集政治、經濟、宗教、文化及自然科學之大成的歷史著作，收集了大量今人仍難見的史料、古藏文碑銘石刻、吐蕃贊普詔書、盟書，書中還記錄了許多神話傳說和歷史故事，其生動的語言情節廣為今人傳誦。

《青史》寫於西元一四六七年，是噶舉派著名僧人桂譯師・宣努貝（西元 1392-1482 年），他的著作很多，傳世的文集就有十函。《青史》全書十五章，包括教法來源、中原王朝、烏思藏王朝、前後弘期佛教的傳播、傳承、高僧、寺院等記述十分詳實。

《紅史》成書於西元一三四六年，作者蔡巴・貢嘎多吉（西元 1290-1364 年）十五歲繼任蔡巴萬戶長，在擔任蔡巴萬戶長的二十八年中，管理蔡公堂寺、拉薩大昭寺、布達拉宮廟宇，保護和維修、建造佛像和佛塔，立下重大業績。他請布頓大師校勘了納塘版大藏經，還用金汁和銀汁書寫了《蔡巴甘珠爾》，蔡巴一生著述很多，以《紅史》最為著名，該書敘述了從吐蕃到薩迦時期藏傳佛教各教派源流，書中史料多為親歷耳聞，有較高的歷史價值。

此外還有《新紅史》、《漢藏史集》等，有博東・列喬南傑的《智者入門》、覺囊多羅那他的《印度佛教史》、《蓮花生大師傳》等等，使這個時期成為西藏歷史上歷史著述最繁榮的時期。

5、建築方面

這一時期的建設成就，主要反映在新建的寺院上，有格魯派的前後藏四大寺、拉薩上下密院、俄爾艾旺曲德、江孜白居寺、澤當大

寺、圖丹南傑林寺、圖丹色多堅寺等不同教派的許多寺院。這些寺院的殿堂和建築莊嚴雄偉，凝聚著藏族勞動人民的智慧精華。此外，拉薩大昭寺、桑耶寺等吐蕃王朝時期興建的珍貴的建築，中間發生損壞等情況，這一時期中也進行了廣泛地修復。

這些建築顯示了民族傳統工藝的鮮明特點。此外在新塑造佛像方面，除了在西藏分裂時期的後期綽浦譯師所造的綽浦彌勒大佛像和本世紀初九世班禪大師圖丹卻吉尼瑪新造的扎什倫布寺的彌勒大佛像以外，西藏著名的彌勒大佛像如昂仁彌勒大佛像、絨彌勒大佛像、扎什倫布寺大經堂的彌勒殿中的彌勒大佛像、哲蚌寺的彌勒像見者解脫等，都是在帕竹統治時期即西元十五世紀中建造的。上述這六尊用金、銅等材料建造的佛像，雖然大小方面有差別，但是總的說來，這些佛像不僅是在中國，就是在世界上也可以算得上是用金、銅材料建造的佛像中的巨大者。

在佛塔的興建方面，昂仁縣境內的迥仁波且的大佛塔、拉孜縣境內的江地方的大佛塔、薩迦縣境內的綽浦寺的大佛塔、江孜縣境內的白居寺的大佛塔等在西藏地區可以算得上是最大的這些佛塔，也是在帕竹政權的時期先後建造的。

6、關於建造橋樑方面

由於帕竹時期經濟的發展，當時在西藏的各條大江大河上新建了許多鐵橋（鐵索橋），這些橋的建造者就是被稱為「鐵橋活佛」的唐東傑布。唐東傑布（西元 1385-1464 年）噶舉派僧人，他在遊說謁佛途中，深感烏思藏地域遼闊，山高路險，交通不便，後下決心建橋，西元一四三〇年，在當地頭人和百姓的支持下，先建成曲水鐵索橋，

後在藏東許多地方建橋，一生中先後建鐵橋五十八座，木橋六十座，還建造了一百多條渡河船。在當時的自然條件下連續興建這樣巨大的建築工程，如果沒有一定的經濟發展基礎，顯然是不可能完成的。

7、關於植樹造林方面

　　帕竹第悉政權為了地方的發展，十分重視植樹造林的事業。當時西藏各地的植樹造林事業有了相當的發展，所以一些地方的環境變得比以前更加優美。植樹造林的成果為後代提供了取之不盡的木材寶庫。

　　這一時期民族的男女服裝、金銀飾品等也受到很大重視。這些都有力地說明在帕竹政權時期，特別是在帕竹政權的前期，西藏的經濟、文化得到了巨大的發展。

第四節
帕竹政權時期的格魯派

　　格魯派是西藏佛教各教派中最後形成的一個大教派，它興起於帕竹時期，得到過帕竹政權的大力支持。在帕竹政權時期的後期，其勢力的迅速擴張，後來逐漸成為西藏社會繼統治地位的教派。

一、宗喀巴大師羅桑扎巴生平簡述

　　格魯派的創始人宗喀巴羅桑扎巴出身於脫思麻（安多）地區的宗喀地方，父親是達魯花赤魯本格，母親名叫辛薩阿卻。他生於西元一三五七年即藏曆第六繞迴的火雞年，出生時伴有諸種異兆。他是父母所生的六個兒子中的第四個兒子。

　　宗喀巴三歲時，從法主噶瑪巴若貝多吉受近事戒，起名貢噶寧波。七歲時，由法主頓珠仁欽任為他傳授了沙彌戒，起法名羅桑扎巴，因為他是宗喀地方人，成名後被稱為宗喀巴。

西元一三七三年十七歲的宗喀巴來到止貢替寺，拜見了止貢的京俄卻吉扎巴，聽受了許多深密教法，又隨蔡地方的醫生官卻加卜聽受了醫學知識，記誦《四部醫典》。後來他跟隨許多大師學習佛法，並在薩迦、澤當、拉頂、納塘等寺院參加巡迴辯經，在佛教顯宗的各方面都達到了學者的頂峰。

宗喀巴二十多歲時，受比丘戒，此後開始學習密宗。他在丹薩替寺跟隨京俄卻吉扎巴聽受那若六法和聲明等，還在喇嘛意希堅讚那裡詳細聽受了《時輪本續》及其《大疏》等教法，因而對於曆算也很精通。

宗喀巴還隨喇嘛德欽卻貝聽受時輪、金剛鬘的灌頂、教誡、傳授、舞步、彈線、聲調等，學習了金剛心要及注疏、密集教法及布頓大師的著述等。

宗喀巴還學習了以瑜伽教法為主的密法四續部中的下部密乘（即事續部和行續部）的教誡和灌頂等，對各種教法如同清水注入瓶中，迅捷接受。

總計起來，宗喀巴大師前後依止了四十多位佛學大師學習佛法，為教化眾生廣做灌頂、教誡、密續、說法、傳戒等佛法事業。宗喀巴的傳法事業，在《宗喀巴大師傳佛法莊嚴》中有詳細的記載。

大師三十二歲時，撰寫《現觀莊嚴論獅子賢釋詳疏》即大論《善說金鬘》。三十五歲時，他在門喀扎西棟駐錫。一天晚上，宗喀巴大師坐在坐褥上談話西藏的諸佛教大師的各種史蹟之後，說道：「往日噶細巴喜饒僧格在一次定期法會上能講十一種經論，後期中西藏有誰

能於一期法會中講那樣多的經論？」眾弟子於是要求大師也如此講經，上師接受了。從當月的十日起直至月底，上師閉關閱讀典籍，到月底的那一天，他將一切典籍卷束包紮起來。從初五日起，於同一天開始十五部經論開頭的，每一天中從黎明到黃昏之間講十五座法，未曾斷。在十五種經論中，有兩種小部的先講完，即再以兩種小部經論補上。總計所講經論有：《釋量論》、《現觀莊嚴論》、《上下對法》（兩種）、《戒律本論》、《慈氏五論》的後四論（兩種）、《中觀五論》（五種）、《入中論》、《四百頌》、《入行論》等共計十七種大論著。這樣歷時三個月，全部講完。[2]

史書記載，他後來還同時講過二十九經論。成為使眾人驚嘆的奇蹟。

宗喀巴大師一生有四大業績，其一是修復了沃卡精其寺，該寺佛殿中有一尊噶爾米‧雲丹雍仲建造的彌勒銅像，高一人多，具有大加持力，但寺廟因年久無人管理，寺像頹蕪，遍是塵土鳥糞等污物。宗喀巴師徒看到這一情況後，於是向施主沃卡達孜說起，在施主的支持下修復了寺院牆壁、樓房、室內地面等，為了粉刷涂彩，師徒等人把身邊可以拿出來的物品都獻出來，使之順利完成。

宗喀巴大師三十九歲住於列麥森格宗時，在色其崩巴舉行供養大法會，講了許多戒律方面的教法，舉行淨除墮罪、懺悔護戒的儀式，對諸弟子亦如律加行。

春天裡宗喀巴大師住於列地區的崗兌時，為僧眾說各種甚深教

2　周加巷《宗喀巴大師傳》第 169 頁。

法，對眾人講說齋戒及皈依的律儀，由大師親自動手帶動僧俗眾人製做「擦擦」泥塑小佛像數十萬尊，以後大師還這樣做過多次。這是宗喀巴的第二大功業。

宗喀巴大師四十六歲時寫了《菩提道次第廣論》。五十一歲時的火豬年，宗喀巴大師在色拉卻頂嚴格閉關修行，在這時撰寫了《辨了義不了義論——嘉言心要》。五十二歲的土鼠年，重新為拉薩大昭寺佛殿和迴廊的壁畫上色，進行了廣泛的維修，為舉行拉薩正月祈願大法會進行了準備。關於這方面的情況，克珠傑《宗喀巴大師略傳——信仰入門》有較詳細的記載。

宗喀巴大師五十三歲的西元一四○九年即藏曆第七繞迴的土牛年，創立了拉薩祈願大法會。從牛年正月初一至十五日之間，作大神變供養大會。

在覺臥佛像前，呈獻了純金製作的帶有飄帶的五部如來佛冠，並以碧玉寶石、珍珠、松耳石等珍寶嵌飾，極為美妙莊嚴。向不動佛和11面觀世音像呈獻以純銀製作的美妙的佛冠，在覺臥佛像前面，供獻大銀鉢，在銀鉢前安置大小適合的銀質壇城等供物。神變法會期間對大昭寺和小昭寺的釋迦牟尼像每天在面容上塗金汁，在初八和十五兩天則為佛像全身塗金。又在兩尊釋迦牟尼像及各主要佛像上供獻以最好的綢緞縫製的七衣和祖衣。在男菩薩和女菩薩等十六尊像以及示現忿怒相的諸神像上，供獻以上等綢緞縫製的肩帔和襌裙。

此外，在各大小佛殿的屋頂和飛簷、女兒牆等突出處，全部用繩索聯結，飾以經幡、拂塵和響鈴等物，排列緊嚴。在外面的環行大道之外，栽立許多極高的木桿，懸掛綢緞製成的極為威嚴的大幡，幡上

以各方的護法神像作為莊嚴。每天晚上舉行供施朵瑪的儀軌。

　　另外，每天還在內迴廊以上處點燃明燈四百盞，在中繞行道上點燃明燈百餘盞，在外繞行道的石碑（指大昭寺門口的唐蕃長慶會盟碑）旁邊正對著覺臥佛像的地方設置一個方形的大缸，每邊約寬三度，其中注滿酥油，豎立一根適度的燈柱，其燈焰猶如黃金光束直衝雲霄，其他還有大陶缸，注滿酥油，燈柱粗如成年人的手臂，約有一箭桿的高度，便利人們在外繞行道上繞行。

　　經這樣安排，大地上光明燦爛的連環明燈的光焰，直達於天空，掩蓋了中夜降臨的夜幕中出現的群星的星光，猶如群星愧不如而離去，眾人亦難見到星星的光亮。

　　據《宗喀巴大師略傳》中記載：大法會「用於敬神供僧的物品以及捐獻的信財等，大致計算後總共有：黃金 921 兩，值黃金 450 兩的白銀，酥油 37060 克（按現今的度量，1 拉薩克酥油合 6 斤 7 兩，總共為酥油 248320 斤），青稞、糌粑 18211 克（按現今的度量，1 克糧食合 28 斤，總計為糧食 509908 斤），白茶 416 兩，磚茶 163 包，蔗糖 18 包，乾肉類 2172 腔，大柱面幡及幡幢 33 件，袈裟法衣 30 套，緞 290 匹，布帛 731 匹，柱面毯 50 餘條，大小古舊玉石 60 餘顆，牛馬等牲畜折價白銀 2073 兩，為每一燈柱獻茶 14 盤、白香 21 克、神像華蓋 3 套，箭桿長的大香 33270 根，盤香和紅花 25 大袋。此外，還有未計入的許多零碎物品。」[3]

　　這些財物的主要提供者是帕竹政權第悉、京俄、乃鄔宗宗本和當

3　克珠傑《宗喀巴大師略傳》第 86-93 頁。

地的世俗貴族，沒有他們的支持大法會是搞不起來的，同時，如此豐富的財物也顯示了當時西藏經濟繁榮所達到的程度。這是宗喀巴一生中創立的第三件大的功業。

就在大法會後的西元一四一〇年宗喀巴大師創建了甘丹寺，這是宗喀巴的第四件大功業。甘丹寺的創立標誌著格魯派的正式興起。西元一四一九年，六十三歲的宗喀巴大師將自己的僧帽、袈裟大氅賜給弟子賈曹傑，表示授權他代理自己的法座。當年的十月二十五日，宗喀巴大師圓寂。

從宗喀巴大師去世的第二年起，每年十月二十五日在甘丹寺舉行「安卻欽莫」（五供節）的燃燈供祭的法事，這一慣例推廣到整個藏族地區，到現今依然保持不衰。

宗喀巴大師一生著作共有十八函，他的親傳弟子一百多人。

二、關於甘丹寺的歷史

以前，宗喀巴大師沒有一座固定居住的寺院，因此，他的修行和講經著述都是在不同的地點進行的。西元一四〇九年拉薩祈願大法會之後，各地方首領及弟子、施主多次提出獻給他一座舊寺院或新建一座寺院時，他同意新建一座寺院。

這座寺院地點就選拉薩以東四十公里處的旺古日山山下，宗喀巴大師親臨其地，對地基作了加持。弟子都增扎巴堅贊和賈曹傑二人為首的前藏地區的大部分僧人來到這裡，按照宗喀巴大師的吩咐，開始

興建甘丹寺。附近的施主和僧俗民眾捐獻了無數的財物。在土牛年的當年，就建成了寢殿為主的僧舍七十餘處，並為上百處建築打了地基。

宗喀巴大師五十四歲的鐵虎年（1410 年）的二月五日，他到達甘丹寺，為剛剛建成的佛殿及佛像等進行盛大的開光儀式。從此以後，他就在這座寺院中安住，為甘丹寺具足所有顯密教法打下了根基。而格魯派的聲名漸漸遍佈於大地之上的各個地方。

宗喀巴大師在此圓寂後，從乃東、止貢、內鄔等地送來了許多金銀作為獻給宗喀巴大師的超薦禮品，由賈曹傑和都增扎巴堅贊二人主持，建造了宗喀巴大師的內供黃金像，身量比拉薩大昭寺的覺臥佛像高一肘，極善妙莊嚴，安置在大師的靈塔之中。後來第五十任甘丹赤巴甲哲根敦彭措將銀質大靈塔的處部用純金包裹起來，被稱為甘丹寺大金塔。

明朝皇帝賜給大慈法王的檀香木幕室、內部的帷幔、上面的庫緞縫製的寶蓋、珍奇的絲織十六羅漢、四大天王、密不動金剛唐卡等物品也奉獻給宗喀巴大師靈塔。後來每年六月裡在第三個七天的期間舉行展出珍奇絲織唐卡、向靈塔供祭的活動，成為例規，被稱為甘丹絲織唐卡節。

清乾隆二十二年即西元一七五七年，乾隆皇帝作為給具誓法王像的酬補供物奉獻了一頂鑲嵌有黃金、珍珠等寶物的極為殊勝的頭盔，頭盔上有藏、漢、滿、蒙四種文字，存放於央堅佛殿之中。除此，甘丹寺還有許多極為殊勝的佛殿、佛像。

1、關於甘丹寺的法臺（甘丹赤巴）

甘丹寺法臺是宗喀巴大師的法位的繼承者，因此和別的寺院的法臺職位不同，擔任此職務需要具備特別的條件，不論是不是轉世活佛，也不論出生地區和出身的寺院以及年齡大小、貴賤高低、聲望大小等，只要精通顯密經論及講經聽法的學識，都可以擔任。群眾中的諺語說：「男子漢應自己努力，甘丹寺的金座地沒有主的。」這生動形象地說明了能不能擔任甘丹赤巴的職位，關鍵在於學識的大小。

關於升任甘丹赤巴的過程，《黃琉璃》中說：「登上依怙法王的金座的過程，與修法證果的十地的形式相同。首先要成為我等眾人的教法之寶，即出家為僧，發願努力學法，遵守教規，進入法苑中學習。然後廣泛聽聞各部大論，巡迴辯經，達到合格，然後進入觀修，步入賢哲的行列。然後進入上下密院講習密法，逐步升上甘丹赤巴的金座。」甘丹寺至今已有九十六任法臺。

2、甘丹寺的扎倉和康村

當克珠傑擔任甘丹赤巴時，任命了四位講經師，因此當時就有四個講習經論的扎倉。後來，這四個扎倉合併為絳孜扎倉和夏孜扎倉兩個。

絳孜扎倉的創建者是宗喀巴大師的親傳弟子霍爾敦南喀貝桑布，此後的法座為達波欽波貢噶扎西、曲傑洛追丹巴等人。絳孜扎倉有十二個康村。

夏孜扎倉是由宗喀巴大師的親傳弟子乃丹仁欽堅贊亦稱夏爾巴仁欽堅贊創建的，其後的法座有溫達哇扎巴、尼瑪扎等人。夏孜扎倉有十一個康村。

甘丹寺在創建時大約有五百名僧人，以後逐漸發展，通常說甘丹寺有三千三百名僧人，其實甘丹寺僧人最多時曾超過五千名。

甘丹寺的創建標誌著格魯派的興建，由於該寺的寺名，這個由宗喀巴大師創立的新興教派被稱為格魯派。又因為宗喀巴大師與以往一些持守戒律者的習慣相同，戴黃顏色的僧帽，因此他創建的這個教派還被人稱為黃帽教派。

三、賈曹傑達瑪仁欽的事蹟

賈曹傑達瑪仁欽是宗喀巴的重要弟子之一，他於西元一三六四年即藏曆第六繞迴陽木龍年生於年楚河上游日塘地方的隆拉卓恰。他十歲那年，在乃寧寺受沙彌戒，起名為達瑪仁欽。此後在上師貝官巴的身前學習文字讀寫，學得很好。

他以貢噶貝為經師學習《量理論注疏》、《量抉擇論》等，又跟從日囊巴仁欽多吉學習《般若》，從頓珠仁欽學習《俱舍論》，從洛追桑波學習《戒律論》。此外，他還跟從許多善知識大德學習了顯密經論。特別是他後來以仁達哇宣努洛追為上師聽習了般若、因明、戒律、俱舍、中觀等顯宗方面的經論和密集等密宗方面的大部分經咒，精通了各個教派的教法，成為仁達哇弟子中廣通經論的 7 人中的一個，被稱為擅長辯論的弟子。

賈曹傑二十五歲的土龍年（1338 年）時，受比丘戒。此後，他到薩迦寺等後藏地區的各大寺院參加各部大論的噶居巴巡迴辯經，在

澤當寺辯經後，他遇見了宗喀巴，對他的學問十分佩服，於是拜他為師，從師兄弟關係變成了師徒關係，並且從那以後一直與宗喀巴大師形影不離，時時相伴。

賈曹傑心思敏捷，宗喀巴大師不論講何種經典，他都能立即融匯貫通。宗喀巴大師在南木章頂廣說戒律方面的教誡，他立即記錄下來，整理成《在南木章頂所說教誡》，宗喀巴大師在色拉卻頂講說《母續圓滿次第》，他立即整理成《圓滿次第春之雨露》，他這樣記錄了宗喀巴大師的許多講論，整理出眾多著作。

宗喀巴大師後期的許多宗教活動，如一四〇九年創立拉薩祈願大法會，興建甘丹寺，賈曹傑都參與併負了主要責任。

當宗喀巴大師在世時，他的大多數弟子們就奉賈曹傑為上師，宗喀巴大師給人傳授出家戒、比丘戒時，都讓賈曹傑參加傳授，進行護持。宗喀巴大師去世時，賈曹傑在五十六歲時接受了大師的大氅和長頂尖帽，繼承了他的法位，擔任甘丹寺的第二任法臺。他在任甘丹赤巴的十三年間，以說法和修行廣泛利益佛法及眾生。

賈曹傑在他六十八歲的西元一四三一年即藏曆鐵豬年時，委任克珠傑格勒貝桑繼承自己的法位，擔任第三任甘丹赤巴。賈曹傑最後在他六十九歲的西元一四二三年即藏曆第七繞迴的水鼠年在布達拉圓寂。賈曹傑一生撰寫了許多論著，共計有八函之多。

四、克珠傑格勒貝桑的事蹟

克珠傑格勒貝桑也是宗喀巴的重要弟子之一，他於西元一三八五年即藏曆第七繞迴的木牛年出生在後藏拉堆絳地區的朵雄地方。父母親生有三個兒子，他是長子。他出生後，相傳他是克珠拉旺的轉世，因此他在幼年時即被人們稱呼為克珠傑。

克珠傑出家後，聽受了沙彌應學的各種知識，以後又跟隨師傅學習因明七論、上下對法、慈氏五論、中觀理聚五論及戒律論，過了不長時間，他就成了一名著名學者。克珠傑從年輕的時候起就在講、辯、著等方面獲得了無比的聲譽。他從十六歲起就到後藏地區的各個寺院參加巡迴辯經。克珠傑十八歲時撰寫了《文殊語獅子贊——身相極莊嚴》。

克珠傑原本也是仁達哇的弟子，受比丘戒後，對宗喀巴大師產生了虔誠的信仰，在他二十二歲時來到前藏拜宗喀巴為師。

克珠傑從宗喀巴大師那裡聽受了《菩提道次第論》等甚深教誡，特別是聽習了宗喀巴大師密傳及密咒方面的許多教誡。宗喀巴大師對他說：「你要弘傳我的密咒教法！」將自己所有的教法都交付給他。

宗喀巴大師圓寂後，克珠傑通常在日沃當堅地方居住。當時，江孜的熱丹貢桑帕巴迎請他到江孜去，為白居寺的格魯派扎倉舉行了奠基儀式。

西元一四三一年即藏曆第七繞迴的鐵豬年，賈曹傑到乃寧寺，會見了克珠傑，並要求克珠傑擔任甘丹寺法臺。克珠傑應邀與賈曹傑一

起去前藏，出任甘丹寺的第三任法臺，任職八年。克珠傑的著作有《宗喀巴大師略傳——信仰之門》、《宗喀巴大師秘傳——珍寶穗》、《釋量論注疏——教理海》、《現觀莊嚴論注釋》等十三函。

後來，克珠傑被追認為第一世班禪大師，因此我們在這裡附帶簡要介紹在帕竹統治時期廣建功業的第二世和第三世班禪大師的事蹟。

第二世班禪大師索南喬朗於西元一四三九年即藏曆第七繞迴的土羊年生於後藏的洛庫地方。

他還是一個兒童時，膚色難看，身材不美，他到巴索卻吉堅贊身前時，巴索曲傑問他叫什麼名字，他說名叫「貝吾」（牛犢之意），巴索曲傑說小牛長大了會成為大法牛，就給他起名為索南喬朗。他依止善巴欽波洛追比巴等人為經師，學習各種知識，成為一名學者，並擔任溫薩地方的雪寺院的法臺。他去桑普寺參加巡迴辯經。

此後他按照釋迦牟尼的銅像的授記，在溫地方的雜浦興建了一座被稱為曲科伍頂的寺院，並撰寫了與動物對話形式的道歌等著作。他最後在六十六歲的西元一五〇三年即藏曆第八繞迴的木鼠年圓寂。

第三世班禪大師洛桑頓珠於西元一五〇四年即藏曆第八繞迴的木牛年伴隨諸種異兆誕生在溫薩地方。

他十一歲時，削髮出家，起名為洛桑頓珠。他曾去哲蚌寺、扎什倫布寺學經，後四處去云游，拜師學法。

三十三歲時，由根敦嘉措任堪布在哲蚌寺授了比丘戒。此後，洛桑頓珠按照根敦嘉措的預言，在溫地方的中間的山峰上興建溫寺，廣

轉法輪，進行修習。最後，洛桑頓珠在他六十一歲的西元一五六六年即藏曆第九繞迴的火虎年在溫寺圓寂。

五、嘉央曲傑的事蹟和哲蚌寺的興建

1、嘉央曲傑的事蹟

　　嘉央曲傑扎西貝丹在西元一三七九年即藏曆第六繞迴的土羊年生於桑耶地方，後來在澤當寺出家為僧。

　　他在桑普寺聽習了戒律論和俱舍論，又在甘丹寺跟從宗喀巴大師聽受《辯了義不了義論》、《中觀論》、《入中觀論》、《菩提道次第論》、《菩提道次第廣論》、《密宗道次第論》、《密集注釋明燈》等顯密教法，並融匯貫通於心中。相傳他的智慧聰明無人能及。此後，由宗喀巴大師給他授了比丘戒。

　　按照宗喀巴大師的指示，嘉央曲傑在他三十八歲的西元一四一六年即藏曆第七繞迴的火猴年興建了哲蚌寺。

　　嘉央曲傑在哲蚌寺建成後擔任寺院第一任法臺，並委任了各個扎倉的講經師，由內鄔莊園供給每年祈願大法會和修供白傘蓋法會的物品，連續供給夏季和冬季法會的物品及在需要時供給寢殿和講經院所需的僧衣食物品等，他還照宗喀巴大師的指示像父親關懷兒子那樣建立起巨大的僧伽，完滿地開展講經聞法活動。嘉央曲傑本人在各個學期都要宣講顯宗的八部經論的藏人注疏，他總共講授過的經論達一三〇餘種。嘉央曲傑無論何時得到信徒所獻的財物，都總要分成三份，

一份用來寫造經典和建造佛像、佛塔，一份用來給病人施給藥品，一份用來解決寢舍所需和護持弟子。在嘉央曲傑擔任哲蚌寺法臺的三十二年中，他一直廣轉顯密法輪。嘉央曲傑最後在西元一四四九年即藏曆第八繞迴的土蛇年四月十八日圓寂，他的遺體安放在銀塔中，供奉在哲蚌寺的佛殿中。

嘉央曲傑的著作主要有《宗喀巴大師秘傳祈願》、《般若經義初學者體驗》及教誡、記錄等多種。

2、哲蚌寺的歷史

宗喀巴大師曾說：「為了我們本派顯密教法的講習永不中斷，並且弘傳到一切地方，應當興建一座圓滿的寺院，並且像母親養育兒子一樣發展出各個寺院。」西元一四一六年，由內鄔首領南喀桑波擔任施主，嘉央曲傑主持興建了哲蚌寺。嘉央曲傑任第一任法臺，後還有十四任，從第十四任第五世達賴喇嘛開始，歷世達賴喇嘛在名義上擔任哲蚌寺法臺。

哲蚌寺最初有七大扎倉，後來合併為四個扎倉。即扎西郭莽扎倉、洛色林扎倉、德央扎倉、阿巴扎倉，前三個為顯宗扎倉，後一個是密宗扎倉。其中的扎西郭莽扎倉有十六個康村，洛色林扎倉合併了以前的都哇扎倉、夏郭日扎倉、兌桑林扎倉，它下面有二十四個康村。哲蚌寺的僧人數目，在第巴桑結嘉措寫作《黃琉璃》時把它列為最大的超級寺院，說它有四千二百多僧人。此後哲蚌寺僧人逐漸增加，通常說哲蚌寺有七千七百名僧人，將此作為基本的僧人數，實際上在僧人最多時，大大超過這一數字，是常住僧人最多的寺院。

哲蚌寺中的甘丹頗章，是西元一五一八年即藏曆第九繞迴的土虎

年由帕竹第悉阿旺扎西扎巴把在哲蚌的一座叫做「朵康恩莫」（青色石頭房子）的帕竹的別墅送給第二世達賴喇嘛根敦嘉措，根敦嘉措將別墅改名為「甘丹頗章」。

從二世達賴喇嘛起，歷輩達賴喇嘛在哲蚌寺時都居住在這裡。此後到西元一六二四年即藏曆第十一繞迴的水馬年時，固始汗以武力結束了第悉藏巴噶瑪丹迴旺布的政權，將西藏地方獻給五世達賴喇嘛，新建的政權的名稱就稱為甘丹頗章，這樣甘丹頗章從宮室的名稱變成了政權的名稱。從政治上說，哲蚌寺具有與其他寺院不相同的重要的地位。

六、大慈法王釋迦也失的事蹟

1、釋迦也失

宗喀巴大師的親傳弟子大慈法王釋迦也失出身於蔡巴地方的首領家族，於西元一三五四年即藏曆第六繞迴的木馬年出生在蔡貢塘地方。

他出家時起名為絳欽曲傑，從幼年時開始學習讀寫文字，努力修習教法，依止眾多上師學習各種經論，並成為了一名學者。特別是他擔任宗喀巴大師的司茶侍從以後，宗喀巴大師為他傳授了許多顯密教法。

西元一四一三年明朝永樂皇帝派遣使臣來迎請宗喀巴大師到中國內地去，宗喀巴大師派釋迦也失作為代表，於西元一四一四年從山南

經過康區理塘等地，到達明朝皇帝的宮中，朝見明朝永樂皇帝。明朝皇帝對釋迦也失極為禮敬。有一次永樂皇帝得了重病，經釋迦經失診治，解除了病痛。

明朝皇帝為了在京城弘傳宗喀巴大師的教法寶藏，命釋迦也失傳習佛法，特別是修供續部的大壇城。釋迦也失按照皇帝旨意，對密集、喜金剛、勝樂、時輪、大威德四十九尊、藥師佛等的壇城做了完整的修供，因而被皇帝尊奉為上師，皇帝賜給他有黃金輪的印，封他為「萬行妙明真如上勝清淨般若弘照普慧輔國顯教至善大慈法王」，並賜給封誥和無數禮品，還賜給一套在漢地刻印的藏文大藏經《甘珠爾》。這套大藏經為硃砂本，封面用金字書寫，十分珍奇。

大慈法王為皇帝的長壽給他授好灌頂法，「據說當時出現了長壽丸放射光芒等許多獲得成就的征相，使得皇帝十分驚喜，對他極為尊敬，賜給他嵌有金銀珠寶的寶座、案杌、腳臺、坐墊等無數物品。」從此釋迦也失被稱為大慈法王。

釋迦也失在北京居住的九年中，多次為皇帝和大臣等人講說佛法。他在五臺山興建了六座大寺院，並在京城附近興建了法源寺，在中國內地傳播了格魯派的教法。

大慈法王返回西藏時，皇帝專門派遣使臣護送他。他返回西藏後，首先到甘丹寺宗喀巴大師身前，獻上永樂皇帝所賜絲織十六羅漢唐卡、檀香木寶帳、鑲嵌珍寶的金銀曼遮等大量物品，祈願宗喀巴大師健康長壽。

此後，大慈法王又受到明朝永樂皇帝的邀請，於西元一四二四年

即藏曆第七繞迴木龍年再次前往內地。當他還未抵達京城時，永樂皇帝就去世了。永樂皇帝的兒子宣德皇帝比其父親更加尊禮大慈法王。大慈法王又在內地居住十二年，建立事業後，動身返回西藏，在途中走到卓莫喀（在今青海省民和縣境內的轉導鄉）地方時圓寂，那是他八十二歲的西元一四三五年即藏曆第七繞迴的木兔年的十二月二十二日。

大慈法王因永樂皇帝的迎請兩次到達內地，長時期廣作利益佛法及眾生的事業，特別是先後擔任了永樂、洪熙、宣德、正統四位皇帝的上師，對加強漢藏民族間的情誼和文化的發展做出了重要的貢獻，為了紀念他，整個藏族地區每年十月二十四日即宗喀巴大師忌辰（五供節）的前一晚上要舉行被稱為「四供節」的活動，並成為例規。

2、色拉寺的興建

西元一四一九年即藏曆第七繞迴的土豬年秋天，大慈法王迎請宗喀巴大師到色拉卻頂禮敬供養。宗喀巴大師對他作了應在色拉興建寺院，奠定講修佛法的根基的指示，而且宗喀巴大師為建立妙善的緣起，在色拉卻頂做了長淨，並且對勝樂和密集兩種密法從頭開始各講了一座法的內容。按照宗喀巴大師的指示，大慈法王在當年為色拉特欽林（色拉寺）的佛殿奠了基，興建僧舍等工程的資材大部分是由帕竹的大臣內鄔宗巴南喀桑波提供的。此後不久，宗喀巴大師圓寂，大慈法王在色拉做了盛大的超薦法事。

經過大約兩年，新建了大經堂和後殿，大慈法王將他從漢地得到的以白檀香木製成的十六羅漢像為胎藏而鑄的十六羅漢藥泥塑像及居士、和尚像（加上這兩尊像即漢地所說的十八羅漢）、硃砂版大藏經

《甘珠爾》等身語意的依止處安放在大經堂的後殿中，由此開始，大慈法王在色拉寺廣轉法輪，並陸續建成了其他佛殿及佛像、佛塔等。

大慈法王釋迦也失擔任色拉寺的第一任法臺，此後的十八任法臺中，二世達賴喇嘛根敦嘉措、三世達賴喇嘛索南嘉措、四世達賴喇嘛雲丹嘉措、四世班禪大師洛桑卻吉堅贊、五世達賴喇嘛阿旺洛桑嘉措分別擔任了第十一、十五、十七、十八。十九任法臺，從五世達賴喇嘛洛桑嘉措以後，歷輩達賴喇嘛都是名義的色拉寺法臺。

色拉寺剛興建時有堆巴、麥巴、甲、仲頂四大扎倉，後來甲扎倉和仲頂扎倉合併到堆巴扎倉之中，但在後來的發展中又出現了傑巴扎倉和阿巴扎倉，色拉寺仍是四大扎倉，即堆巴扎倉、麥巴扎倉、傑巴扎倉和阿巴扎倉，其中，前三個扎倉為顯宗扎倉，阿巴扎倉為密宗扎倉。

關於色拉寺的僧人數，在第巴桑結嘉措寫作《黃琉璃》時有二八五〇名僧人。通常說色拉寺有五千五百名僧人，並以此作為色拉寺僧人的基本人數，實際在其僧人最多時，要大大超過這一數字。

七、一世達賴喇嘛根敦珠的事蹟

宗喀巴大師的弟子一世達賴喇嘛根敦珠，於西元一三九一年即藏曆第七繞迴的鐵羊年出生在薩迦古爾瑪地方。其父名官波多吉，其父母共有四個兒子，根敦珠為第三子。

根敦珠七歲時，跟從那塘堪欽珠巴喜饒受了近事戒，又跟從甲敦

旃陀羅學習藏文讀寫和梵文蘭扎體、瓦爾都體，精通了印度和西藏的各種文字。十五歲的木雞年，在那塘寺珠巴喜饒為其授了沙彌戒，起名為根敦珠巴貝，後來他自己又在其後加上「桑布」兩字，成為根敦珠巴貝桑布。根敦珠二十歲的鐵虎年，又由珠巴喜饒給他傳授了比丘戒。

根敦珠在他二十五歲的木羊年前往前藏，當宗喀巴大師被闡化王扎巴堅贊迎請到溫區的扎西朵喀地方時，他前去拜見，向宗喀巴大師請教了《量抉擇論》《辯了義論》、《中論》、《上師五十頌》、《根本墮罪論》等許多教法。宗喀巴大師心中十分高興，將自己穿過的僧裙賜給他。根敦珠按照宗喀巴大師的指示，修習了很多經法，獲得了巨大名望。他在前藏停留十二年。

此後，根敦珠與喜饒僧格一起到後藏，在那塘、絳欽、日庫等地居住，講經傳法。撰寫了《入中論釋意明燈》。此後他在乃寧寺從克珠傑聽法，建立了法緣，又拜見了賈曹傑，聽受了許多教法。根敦珠在他四十一歲的鐵豬年與喜饒僧格一起到拉堆地區去講經傳法，撰寫了《釋量論注疏》。

根敦珠在他五十歲的鐵猴年與上師喜饒僧格一起再次返回後藏，在那塘和絳欽等地講說以戒律為主的教法。在他五十七歲的西元一四四七年即藏曆第八繞迴的火兔年去到桑珠孜（今日喀則），興建扎什倫布寺。他在寺中興建了巨大的釋迦牟尼像和彌勒佛像，以及各種佛像、佛經、佛塔等，並按密宗儀軌舉行了盛大的開光儀式。根敦珠在木馬年（1474年）創立了扎什倫布寺的正月祈願大法會。最後，根敦珠在他八十五歲的西元一四七四年即藏曆第八繞迴的木馬年圓寂。

根敦珠的著作有《戒律廣論》、《入中論釋意明燈》、《別解脫律儀注疏》、《釋量論注疏》等，共有五函。

八、扎什倫布寺的歷史

西元一四四七年即藏曆第八繞迴火兔年的十月，根敦珠和施主達傑巴・本索南桑波一起前往興建寺院的地點，做了盛大的淨地儀軌，由該施主提供所需要的全部資財，為有四十八根柱子的大經堂、十二根柱子的彌勒殿、六根柱子的後殿、六根柱子的度母殿、兩根柱子的依怙殿以及有迴廊的佛殿舉行奠基，此後不久，這些殿堂即全部建成，迎請金銅合金的釋迦牟尼大佛像到後殿中，舉行盛大的開光儀式。

從土蛇年（1449 年）的冬季學經期開始，根敦珠師徒即常住於扎什倫布寺，達傑囊索本索南貝桑為寺院的基金捐贈了日喀則的租糧收入，並且每年供給僧人住夏所需的錢糧。

根敦珠從西元一四四九年土蛇年到西元一四七四年木馬年的二十五年中，主要在扎什倫布寺講經傳法，此外還到後藏各地的許多寺院去講經。

扎什倫布寺的扎倉和米村在根敦珠在世的時期，有夏孜、吉康、兌桑林等三個講修佛法的扎倉和二十六個米村，夏孜扎倉有村浦等六個米村，吉康扎倉有古格等十個米村，兌桑林扎倉有勒林等十個米村。

扎什倫布寺的學經僧人，主要應學習五部大論，即學習《釋量論》六年，學習《般若》六年，學習《中觀》五年，學習《俱舍論》四年，學習《戒律論》四年，一般情況下學經僧人要學習二十五年。

扎什倫布寺在第八繞迴的土鼠年（1468 年）開創了展出高十二庹的緞制佛像的例規。由擅長縫紉的曼拉頓珠師徒用各種上等綢緞縫制了釋迦牟尼的大佛像，以後每年五月在扎什倫布寺的夏季祈願大法會上展出。後來又陸續新創了各種法事活動，每年冬天在藏曆十二月由阿巴扎倉舉行送二十九朵瑪的法事，每年夏末由孜貢康巴（依怙殿）僧人舉行稱為「斯莫切莫」的跳神活動並拋灑真言芥子，還有歷輩班禪大師忌辰的週年祭祀等。

根敦珠任扎什倫布寺的第一任法臺，後來又有十四任，從四世班禪洛桑卻吉堅贊護持扎什倫布寺的法座開始，由歷輩班禪大師執掌扎什倫布寺的法座，不再任命寺院的法臺。

此外，在開世班禪丹貝尼瑪的時期，新建了供班禪大師夏季和秋季居住的帶有佛堂、佛像、佛塔的上下兩個頗章。其中的下頗章在扎什倫布寺東面，叫做「哲曲祖拉康」，是西元一八二五年即藏曆第十四繞迴木雞年興建。後來清朝道光皇帝給下頗章賜了一塊刻有四種文字的「貢覺林」（普救寺）的匾，從此以後，這座下頗章就被稱為貢覺林。

扎什倫布布寺每年夏末要舉行盛大的夏季的獻供朵瑪的法事，稱為「斯莫切莫跳神節」，由孜貢康巴僧眾舉行跳神，屆時日喀則等地的民眾數萬人聚集，觀看跳神和西藏各地的藏戲團的演出。至於扎什倫布寺的僧人的數量，在根郭珠的時期從最初的約一一〇名僧人發展

到一千六百名，後來一般說扎什倫布寺有三千八百名僧人，實際在極盛時扎什倫布寺有近五千名僧人。

扎什倫布寺是後藏地區最大的格魯派寺院，也是名聲最大的寺院，可以說是後藏地區的一顆燦爛的明珠。從扎什倫布寺培養出的賢哲高僧如同天空中的繁星，對藏文化的發展做出了不可磨滅的貢獻。尤其是扎什倫布寺從四世班禪大師起，成為歷輩班禪大師執掌政教事業的寺院，寺院中保存有許多反映西藏和中國關係的歷史文物。

例如，七世班禪丹貝尼瑪時期，於西元一八七六年即第十四繞迴火鼠年興建的中間佛堂的甲那拉康中存有西元一七九六年即藏曆第十三繞迴火龍年清朝嘉慶皇帝贈給班禪大師貝丹意希（按六世班禪洛桑貝丹意希一七八〇年在北京圓寂，因此此處應是七世班禪丹貝尼瑪——譯者注）的乾隆皇帝的僧裝畫像，周圈繪有班禪大師的十三個轉生，構成一幅唐卡，還有安置這幅唐卡的框子及玻璃等。在這幅唐卡的前邊還供有西元一八五一年即藏曆第十四繞迴鐵豬年清朝咸豐皇帝贈給班禪大師（丹貝尼瑪）的刻有漢文「咸豐皇帝萬歲萬歲」的萬壽牌，帶有框子及頂蓋，在萬壽牌的前面供有羊脂玉製成的化緣缽，缽上刻有七世佛，下面刻有乾隆皇帝御製的字樣。

在甲那拉康的寢殿中還設有班禪大師與清朝皇帝委派的駐藏大臣會見時的座位，此外還有漢文大藏經、在漢地繪製的許多唐卡、漢地出產的各珍貴物品等。這些都反映了清朝對西藏事務的重視和漢藏兄弟民族之間的不可分離的緊密連繫。

九、二世達賴喇嘛根敦嘉措的事蹟

　　二世達賴喇嘛根敦嘉措於西元一四七五年即藏曆第八繞迴的木羊年出生在達那地方，他出生後，最初起名為桑結培。他十歲時，被認定為根敦珠的轉世，迎請到扎什倫布寺。他十二歲的火馬年時，在班欽隆日喜措身前接受了具足近事戒，起名為根敦嘉措貝桑布。在當年的冬季學經期，由根敦珠在扎什倫布寺給根敦嘉措授了出家戒。

　　此後根敦嘉措一直在扎會倫布寺學經，他十六歲時能在喝一座茶的時間內，熟記一百首偈頌，並且從心中自然湧出美妙的詩篇。

　　根敦嘉措二十一歲的水兔年時，被迎請到哲蚌寺，授了比丘戒。此後許多年，他多次往來於前藏和後藏之間。在熱振、甘丹、上下密院等處廣轉法輪。

　　根敦嘉措三十五歲的西元一五〇九年興建了曲科傑勒雪卓貝噶蔡扎西倫吉珠巴寺（即曲科傑寺）。一年以後，由於扎什倫布寺僧眾的請求，根敦嘉措到扎什倫布寺就任該寺的第五任法臺。他任法臺六年，在夏季和冬季的學經期中每天向聚集的廣大僧眾講授《釋量論》、《俱舍倫》、《般若十萬頌》、《密續注疏》等眾多顯密經論。

　　根敦嘉措在他四十三歲的火牛年（1517 年），受闡化王阿旺扎西扎巴的委任，前往前藏，就任哲蚌寺的第九任法臺。他還在曲科傑聚集數百名僧人，舉行法會，從此以後他每年冬天和春季住在哲蚌寺，夏秋兩季住在曲科傑，弘揚佛法。

　　在根敦嘉措四十四歲的土虎年，乃東的第悉阿旺扎西扎巴把在哲

蚌的一處叫做「朵康恩莫」的鄔宗巴的谿卡（別墅）贈根敦嘉措，作為他的住所，後來在三世達賴喇嘛之時，將這一別墅擴大，並起名為「甘丹頗章」，後來又成為地方政府的名稱。

根敦嘉措在他五十二歲的西元一五二六年即藏曆第九繞迴的火狗年，他又按照乃東第悉阿旺扎西扎巴的請求，就任色拉寺的法臺。最後他在六十七歲的西元一五四二年即藏曆第九繞迴的水虎年在哲蚌寺圓寂。

根敦嘉措的著作有《名號經注疏》、《空性七十論》、《入中觀論注釋》、《緣起贊》、《二十一度母廣說》、《教派論入海之舟》等。

十、三世達賴喇嘛索南嘉措的事蹟

三世達賴喇嘛索南嘉措於西元一五四三年即藏曆第九繞迴水兔年出生在拉薩附近的堆龍河谷的孜康薩貢，他出生後，立即喝了白色山羊的奶汁，同時父母親為他祝贊吉祥，並給他起名為「熱努斯決貝桑布」。在他三歲時的西元一五四六年火馬年認定他為根敦嘉措的轉世，並迎請他到哲蚌寺，登上甘丹頗章的法座。

他從班欽索南扎巴授了近事戒，起法名索南嘉措。七歲時授了沙彌戒。

索南嘉措在他十歲的西元一五五二年即藏曆第九繞迴的水鼠年就任哲蚌寺的法臺，並在次年拉薩祈願大法會上登上主持法會的首座，上午講說《佛三十四本生》，下午做迴向祈願。此後索南嘉措二十一

歲的西元一五六四年授了比丘戒。此後，扎什倫布寺的各個扎倉和講經師等邀請他到後藏去，他因此前往扎什倫布、那塘、崗堅、綽浦、薩迦等寺院，巡禮供佛，並為僧俗大眾講經說法。

索南嘉措四十八歲的西元一五七一年即藏曆第十繞迥的鐵羊年，蒙古俺答汗派人前來迎請，後來明朝皇帝也派人邀請他到京城去。

關於這方面的情況，史書《道次師承傳》中有詳細記載：在鐵羊年時，俺答汗聽到上師（索南嘉措）的聲名，獲得了信仰，並請他到東方蒙古地區去。索南嘉措接受了邀請。在他動身上路去青海時，前來為他送行的有在任和卸任的甘丹赤巴、色拉寺和哲蚌寺的許多高僧大德，並請求他去了以後要返回西藏，並給他贈送了禮物。

西元一五七六年索南嘉措一行來到青海，俺答汗穿著白袍，率領上萬隨從前來迎接，其夫人也在隨從簇擁下前來會見。在福田施主會見的喜宴上，俺答汗首先向索南嘉措敬獻了以五百兩白銀製成的曼遮、容量約為一升的盛滿珠寶的黃金碗、紅黃綠藍白諸色綢緞二十匹、帶全套鞍轡的白色寶馬十匹為主的駿馬百匹、五色團花錦緞十匹、白銀千兩、布帛綢緞等無數物品，並舉行盛大宴會歡迎。[4]

第巴桑結嘉措所著的《黃琉璃》中記載說，火鼠年（1576 年）索南嘉措前去北方蒙古弘揚佛法及黃帽派的教法，擔任俺答汗法王的上師。俺答汗向他奉獻了黃金製作的頭飾、寶瓶、五部法器、用百兩黃金製成的五爪龍鈕的金印，印文為「金剛持達賴喇嘛之印勝利」，以及「達賴喇嘛瓦齊爾達喇」的稱號。索南嘉措也贈給俺答汗「法王

---

4 《道次師承傳》第 461-466 頁。

大梵天」的稱號。

又有當代的漢文著作中說：「索南嘉措到達青海的消息，明朝政府也知道了。當時明朝正因俺答汗西入青海，感到頭痛，又無辦法，聽說俺答汗對索南喜措非常尊重，言聽計從。乃於 1578 年（明神宗萬曆六年）命甘肅巡扶侯東萊差人到青海請索南嘉措到甘肅與他會晤，並囑索南嘉措勸說俺答汗率眾回內蒙古。

據《明史》載，索南嘉措接到甘肅巡扶邀請後，曾與俺答汗商量，俺答汗勸他接受邀請。索南嘉措乃於是年冬天到了甘肅，受到與八思巴同等的隆重接待，安置他住在八思巴住過的幻化寺。索南嘉措從這裡給明朝的宰輔張居正寫了一封信，據《明史》記載，張居正接到索南嘉措的來信與禮物後，『不敢受，聞之於帝，帝命受之，而許其貢。』

索南嘉措給張居正的信是一件重要的歷史文獻，它至少說明兩個重大問題：第一，索南嘉措根據明朝皇帝的意圖，辦了一件明朝皇上辦不到的好事，即由索南嘉措吩咐俺答汗由青海返回內蒙。第二，這是達賴喇嘛與明朝政府正式發生了關係。當時明朝政府還沒有給索南嘉措賞給封號，但按明朝的制度，只有法王、國師才有資格向皇上進貢，這說明明朝政府已承認了索南嘉措在西藏宗教上的崇高地位。」[5]

索南嘉措到青海後，於西元一五八八年即藏曆第十繞迴的土鼠年在宗喀巴大師的出生地建立了「袞本強巴林」寺（即青海塔爾寺），

5　牙含章《達賴喇嘛傳》，人民出版社 1984 版，第 21-22 頁，青海民族出版社 1990 年所出藏譯本，第 49-52 頁。

他還在袞本將宗喀巴大師出生時剪臍帶滴血處長出的栴檀樹用白銀包裹，興建佛塔（即塔爾寺的大金瓦殿中的宗喀巴大師大靈塔）。

一五八五年，索南嘉措再次到蒙古弘傳佛教。一五八八年明神宗派遣金字使臣前來，封給索南嘉措灌頂國師的稱號，並邀請他到首都北京去。他接受了邀請，但還沒有成行，就在他四十六歲的西元一五八八年即藏曆第十繞迴的土鼠年在內蒙古的地方圓寂。

十一、四世達賴喇嘛雲丹嘉措的事蹟

四世達賴喇嘛雲丹嘉措於西元一五八九年即藏曆第十繞迴的土牛年出生在蒙古地方，其父名辰曲庫爾，出身於成吉思汗後裔的家族。

他出生時有許多的征相和異兆，在外面廣為流傳。當時，正尋找索南嘉措的轉世，護法和上師都說轉世將在蒙古地方出現，於是派遣索南嘉措的索本（掌管飲食的侍從）楚臣嘉措到蒙古各處仔細尋訪。楚臣嘉措將辰曲庫爾的兒子是索南嘉措的真實無誤的轉世的情況，派遣信使到西藏報告。

西元一五九二年即藏曆第十繞迴的水龍年雲丹嘉措三歲時，被確認為索南嘉措的轉世。西藏方面派遣高級侍從前去蒙古向靈童奉獻禮品，在他們動身時，卸任甘丹赤巴傑康孜巴班覺嘉措給靈童取名字為「遍知一切雲丹嘉措貝桑布」，並給雲丹嘉措捎去了禮物。使者們雖然努力爭取儘快迎請靈童到西藏，但是由於父母親對兒子十分疼愛，幾次推遲了行期，因此雲丹嘉措在蒙古地方一直生活到他十四歲。

西元一六〇三年即藏曆第十繞迥水兔年，十四歲的雲丹嘉措到達西藏，登上哲蚌寺甘丹頗章的寶座。然後他到大昭寺，在覺臥釋迦牟尼像前，由甘丹赤巴給他傳授了沙彌戒。

不久，班禪洛桑卻吉堅贊從扎什倫布寺前來會見了雲丹嘉措，並在前藏居住數年，給雲丹嘉措講授了許多顯密教法。後來雲丹嘉措主持了拉薩祈願大法會。此後雲丹嘉措經過尼木、吞巴等地前往扎什倫布寺，此時噶瑪巴一方與格魯派之間的矛盾激化，但是第悉藏巴噶瑪彭措南傑還是向雲丹嘉措獻了食品柴禾等資具，後藏地區的僧俗民眾前來拜見雲丹嘉措。

雲丹嘉措返回前藏途中又巡禮了江孜的白居寺、乃寧寺。他在乃寧寺居住時，因對第悉藏巴噶瑪丹迥旺波在後藏支持噶瑪巴迫害格魯派，並派遣後藏軍隊進兵吉雪（拉薩河下游）不滿，在甲職強欽波（大咒師）的靈塔跟前，呼叫第悉藏巴和臣僚們的名字進行詛咒法事。

雲丹喜措二十六歲的西元一六一四年即藏曆第十繞迥的木虎年，由班禪洛桑卻吉堅贊給他授了比丘戒。明朝萬曆皇帝派遣喇嘛索南洛追等使者前來邀請雲丹嘉措，並封給他「恰達多吉桑結」（遍主金剛佛）的稱號，賜給官帽、官服及印章等，邀請雲丹嘉措前往中國內地。但是雲丹嘉措未能成行，在他二十八歲的西元一六一六年即藏曆第十繞迥的火龍年圓寂。

雲丹嘉措的遺體被火化，據說從心、舌、眼三處及頭蓋骨上出現了許多舍利。頭蓋骨和心臟被作為信奉物迎往蒙古地方。用雲丹嘉措的舍利等物品裝藏，建造了銀質靈塔，供奉在哲蚌寺中。

第五節
第巴仁蚌巴的歷史

　　據仁蚌巴家族的世系文書記載，仁蚌巴家族先祖是松贊干布的內大臣叫格爾・熱巴增，據說負責興建昌珠寺佛殿的人就是他。這就是第巴仁蚌巴家族族姓「格爾」氏的來歷。從他下傳二十代，格爾・釋迦本的兒子南喀堅贊投奔到帕竹第悉闡化王扎巴堅讚的屬下，成為乃東帕竹家族的主要家臣之一，他在西元一四〇八年即藏曆第七繞迴土鼠年擔任仁蚌宗的宗本，以後他又依次擔任後藏曲彌仁莫的萬戶長、薩迦大殿的管理人的職務。[6]闡化王扎巴堅讚還賜給格爾・南喀堅贊世代擔任仁蚌宗宗本的玉印，從此以後，格爾・南喀堅贊及其後裔被人們稱為「仁蚌巴」。

　　當時，闡化王扎巴堅讚的弟弟且薩桑結堅贊娶了仁蚌巴女兒貢噶貝宗為妻，生下的兒子即闡化王扎巴迴乃，這不僅是帕竹第悉家族與仁蚌巴家族聯姻的開始，同時也形成了以後仁蚌巴家族聯姻的開始，

6　五世達賴喇嘛《西藏王臣記》第 159 頁。

同時也形成了以後仁蚌巴家族的權勢不斷增長的良好的基礎。

南喀堅讚的兒子南喀傑波從幼年時起就對政教兩主面的事務有很好的理解力。

南喀傑波的兒子諾爾布桑波生於西元一四〇三年即藏曆第七繞迥水羊年，他擔任了乃東的闡化王扎巴迥乃的大臣。

據《仁蚌巴世系》記載他十二歲時掌管仁蚌，十五歲時他依靠自己的兵力逐步把襄地區、谿卡桑珠孜（今日喀則）納入自己的管轄，這實際上是當時統治西藏地方的第悉帕木竹巴的權力走向衰落的開始。到闡化王貢噶勒巴的時期，貢噶勒巴到後藏地區巡視時，仁蚌巴諾爾布桑波雖然恭敬服事、努力鞏固親戚情誼，但是事實上闡化王貢噶勒巴夫妻之間的矛盾正是仁蚌巴和帕竹政權之間矛盾的體現。

這種情況下，雅郊巴、貢噶、恰巴、桑耶等地的首領傾向於主母，而內鄔、沃卡等地的領主傾向於闡化王。兩派鬥爭發展到引起戰亂，時局十分動盪。但由於矛盾沒有公開爆發，因此這個時期各方尚能夠相安無事。

仁蚌巴諾爾布桑波在宗教上成就主要是興建了絨絳欽曲德寺和錫金的傑蔡曲德寺，並在上下寺院提供夏季、冬季和春季學經的口糧物品等順緣。特別是他從六十六歲的西元一四六九年土牛年開始用六年時間建成的絨地的彌勒佛金銅大佛像，高達三十九庹。[7]

建成大佛像以後不久，仁蚌巴諾爾布桑波就去世了。

7　《仁蛙巴世系》手抄本，第4頁。

仁蚌巴諾爾布桑波有五個兒子，即鄔斯噶、根都桑波、頓珠多吉、措傑多吉、釋迦堅贊。其中的鄔巴斯噶幼年夭逝。根都桑波服事於闡化王扎巴迴乃和貢噶勒巴手下，闡化王將其父祖的封文詔書和職位封賞給他，擔任仁蚌宗宗本。頓珠多吉提任桑珠孜的宗本。

　　仁蚌巴措傑多吉生於西元一四六二年即藏曆第八繞迴水馬年。他依靠武力掌管了雅隆喀托的城堡，當時乃東的帕竹第悉阿格旺波去世，其子阿旺扎西扎巴年僅三歲，故由京俄掌政。

　　由於當時帕竹第悉威望不高，京俄卻吉扎巴雖答應代理政務，但是從第八繞迴的鐵豬年西元一四九一年開始後的九年中實際是仁蚌巴措傑多吉以攝政官「替東」（意為丹薩替寺京俄派遣）的名義在管理帕竹第悉的政務。

　　仁蚌巴措傑多吉在擔任帕竹第悉的攝政官期間，遇事不與帕竹的大臣們商議，常按自己個人的想法處理政務，因此引起帕竹第悉的其他大臣們的不滿，一再發生變亂和權力紛爭。不過由於其他大臣比不過仁蚌巴家族的軍事力量，因而在他攝政時期間仁蚌巴的力量越來越大，並為後來仁蚌巴控制前後藏打好了基礎。

　　在宗教上，措傑多吉主要崇奉噶瑪巴黑帽系第四世活佛卻扎意希和噶瑪巴紅帽系第七世活佛卻扎嘉措，因此他宣佈法令讓澤當信奉格魯派的僧人摘掉黃色僧帽改戴紅色僧帽，他還下令從藏曆第八繞迴土馬年即西元一四九八年起禁止格魯派色拉、哲蚌、甘丹三大寺的僧人參加拉薩正月祈願大法會，其後將近二十年中由噶舉派、薩迦派在拉薩附近的各寺院的僧人舉行拉薩正月祈願法會。

由於他在噶舉派和格魯派之間偏向一方、壓制另一方，因而造成整個前後藏的不安定，帕竹第悉政權的權威也逐漸沒落。

仁蚌巴釋迦堅贊居住在年楚河流域的城堡中，對付江孜法王家族，據說他也很精通戰爭和政治謀略。

仁蚌巴根都桑波有多吉才丹和頓月多吉兩個兒子。頓月多吉曾率領後藏的軍隊到前藏，從谿卡內鄔巴（吉雪巴）手中奪了一些宗。

西元一四九九年即藏曆第八繞迴土羊年新年以京俄曲吉扎巴、仁蚌巴措吉多傑、頓月多吉為首的各方首領立年僅十二歲的阿旺扎西扎巴登上乃東的第悉寶座。此後在西元一五○四年即第八繞迴木鼠年，頓月多吉把自己的一個妹妹嫁給阿旺扎西扎巴為妻，過了四年，頓月多吉之妹生了一個兒子即後來的帕竹第悉卓微袞波。從此以後帕竹家族雖然還出過幾個有帕竹第悉名義的繼承者，但實際上是仁蚌巴掌握了前後藏的統治權，帕竹第悉政權僅剩下了一個名義。

仁蚌巴頓月多吉和噶瑪噶舉紅帽系卻扎意希結為施主與福田關係後，在羊八井興建了一座寺院供紅帽活佛駐錫。

頓月多吉還按照噶瑪巴黑帽系卻扎嘉措的意願於西元一五○三年即第八繞迴水豬年在拉薩附近的薩納瑪地方興建了一座號稱壓伏色拉、哲蚌、甘丹三大寺的噶瑪新寺圖丹曲科爾寺。後來色拉寺和哲蚌寺的僧眾搗毀了這座寺廟。

由於仁蚌巴頓月多吉在噶舉和格魯兩派中支持一方，打擊一方，因而多次出兵前藏，造成動亂。

仁蚌巴措傑多吉的兒子阿旺南傑在帕竹第悉阿旺扎西扎巴手下擔任宗本職務。據說他精通小五明，擅長各種技藝。不過由於他領兵攻打山南的艾、列等地方，引起帕竹第悉阿旺扎西扎巴不滿，使仁蚌巴丟失了對內鄔等宗的控制權，在前藏地區的拋力有所減弱。

　　阿旺南傑有三個兒子，長子幼年時去世，次子頓珠才旦多吉占據了其父祖時期未能控制的白朗倫珠孜的城堡，並按噶瑪巴黑帽系第八世活佛彌覺多吉的指示興建了白朗桑熱林寺。第三子仁蚌巴阿旺濟扎依止許多上師學者努力學習，成為精通小五明的學者。他仿照國王班智達的事蹟服事教法，用上等蒙古緞建造了形制殊勝的佛像，撰寫了《詩鏡論‧旦志詩律莊嚴‧無畏獅子吼聲》、《藻詞論‧智者耳飾》等許多論著，對藏族文化特別是文學創作的發展有重大貢獻。

　　但是，他在政務方面卻處置失當，在薩迦巴和拉堆絳發生矛盾時，阿旺濟扎支持薩迦巴，並在西元一五六三年即藏曆第九繞迴水豬年派兵攻打葉如拉堆絳地區。後來阿旺濟扎親自到拉堆絳地區作戰時，當時的桑珠孜（日喀則）的宗本辛廈巴才旦多吉發動反亂，殺死了阿旺濟扎的兒子白瑪噶波。

　　此後，在多次戰爭中，仁蚌巴一方接連遭到失敗，最後阿旺濟扎的行政權力大部分喪失。隨著辛廈巴的興起，仁蚌巴的統治宣告結束。

第六節
第悉藏巴的歷史

按照民間傳說的說法，第悉藏巴家族的世系最先是在贊普赤松德贊時期出現呂氏家族的意希宣努。在其後裔中有一個叫辛廈巴才旦多吉的人，是仁蚌巴的親戚。他在仁蚌巴、乃東巴兩家充當侍從，他有九個兒子，其中著名的有噶瑪圖多南傑、袞邦拉旺多傑、噶瑪丹松旺波三人。辛廈巴才旦多吉在仁蚌巴阿旺南傑的時期擔任仁蚌巴的掌管出行馬匹乘具的官員，以後逐步提升，曾多年擔任襄和年楚河下游地區的地方官員。

西元一五四八年即藏曆第九繞迴土猴年，辛廈巴才旦多吉被仁蚌巴任命為谿卡桑珠孜（日喀則）的宗本。

辛廈巴才旦多吉是一個有心計和辦事幹練的人，他逐漸富貴並掌握了大權，最後到仁蚌巴阿旺濟扎的時期，他起來反對仁蚌巴，殺死了阿旺濟扎的兒子白瑪噶波，因此這一年被稱為「仁蚌巴的血仇年」。

仁蚌巴阿旺濟扎竭盡全力來為兒子報仇，但是辛廈巴才旦多吉擊

退了仁蚌巴的進攻，沒有被仁蚌巴攻滅。到西元一五五七年即第九繞迴火蛇年，仁蚌巴和辛廈巴雙方因為襄·頓熱巴的土地和屬民問題又發生劇烈衝突，主巴噶舉派的調解，也只是保全了頓熱巴的生命，其屬民土地等還是被迫交給辛廈巴。由此可以看出辛廈巴已經擁有可以和仁蚌巴抗衡的力量。

西元一五六五年，辛廈巴才旦多吉親自率兵圍攻白朗倫珠孜，又派兵攻取了帕日宗。在倫珠孜即將陷落、年楚河上游歸屬難定、仁蚌宗本身也有危險的時刻，仁蚌巴再次請求主巴噶舉出面調停，最後不得不將白朗宗全部交給辛廈巴。

辛廈巴才旦多吉死後，其兒子辛夏巴袞邦拉旺多傑又將拉堆絳、拉堆洛地區歸屬於自己的治下，他自己住在桑珠孜（日喀則），丹松旺波住在白朗，他們統治了後藏的大部分地區。

丹松旺波的兒子噶瑪彭措南傑在他十四歲的西元一六一一年即藏曆第十繞迴鐵豬年就任後藏第悉職務，從此被稱為第悉藏巴。

此後在西元一六一二年水雞年至一六一三年水牛年第悉藏巴彭措南傑進兵前藏，攻占了澎波和內鄔宗等地，史稱「雞牛年戰亂」，由此第悉藏巴基本上統治了前後藏地區。如前所述，第四世達賴喇嘛雲丹嘉措對第悉藏巴支持噶瑪巴行為心中不滿，針對第悉藏巴做了威猛詛咒法事，使第悉藏巴大怒，在四世達賴圓寂後，下令禁止尋找四世達賴喇嘛雲丹嘉措的轉世。

在當時，前後藏正是雅郊、古爾、第悉藏巴權勢興盛的時期，其中又以第悉藏巴無人能比。第悉藏巴逐步將拉薩附近的領地納入自己

治下，因此格魯派的施主吉雪第巴索南南傑便以布達拉山上的觀世音像帕巴洛格夏日作為禮品，請蒙古喀爾喀部的首領曲科爾兄弟發兵攻打第悉藏巴。

西元一六一七年「火蛇年年底，喀爾喀曲科爾等香客和大批軍隊到達，格魯派和蒙古民眾都趁此發動反擊戰鬥，甘丹頗章的強佐索南饒丹、色拉寺傑扎倉洛本、帕邦喀巴等人盡力勸阻，但是由於教法及眾生災難深重，不顧分辨久暫利害關係，因少數人竭力喧嚷，眾人也受其感染，蒙古軍兵和色拉、哲蚌寺的僧兵一起攻打了駐在拉薩的後藏的貴族、將領、駐守前藏的後藏軍隊，造成極大失策，第悉藏巴隨調集前後藏的大軍，前來攻打。

此時蒙古軍隊因受到離間，返回自己家鄉，（格魯派軍隊戰敗）強佐索南饒丹、第巴吉雪巴宇傑等人也只得放棄德慶、扎嘎、喀達等拉薩河上游南北兩岸的宗，準備隨蒙古人逃遠方。

哲蚌寺和色拉寺僧人也棄寺逃跑，在北面的達隆寺停留了四五個月。

色拉寺、哲蚌寺受到戰火破壞，因達隆巴代為求情，才被允許整修，當時兩寺大經堂的門、窗都嚴重破損，一個時期中擋不住狗和小偷進入。

格魯派的教法危難發生在這個羊年（當代的歷史學家把這時間定為土馬年即西元 1618 年，並把這年算作第悉藏巴統治西藏的開始）的七月。

此後第悉藏巴在雞年和猴年又進兵雅隆、達波等地，擊敗各地貴

族首領。這樣，第悉藏巴成為從西部崗底斯山到東部工布額拉山（在朗縣境內）之間的前後藏各地包括北方牧場和止貢、達隆、拉嘉裡、浪卡子等自管貴族和大小首領的主宰，其權勢及於上天，被康區和前後藏的人稱為「藏堆傑波」，聲名遠播。

後來第悉藏巴彭措南傑到前藏點集兵丁時，於猴年（西元 1620年鐵猴年）十月中在桑域的門冬噶托得天花死去，因怕時局動亂，臣下暫時保密，裝作第悉藏巴返回了後藏，到雞年（1621 年鐵雞年）才為彭措南傑發喪，尤其子噶瑪丹迥旺波就任第悉。當時第悉藏巴噶瑪丹迥旺波年僅十七歲，不過他下面有英勇賢明的大臣崗蘇鼐和卓尼爾崩貢哇等許多大仲科爾扶持，整理內部，使得第悉藏巴的政權逐步發展，不致衰落。

第悉藏巴噶瑪丹迥旺波統治整個西藏整整二十年，最後被蒙古衛拉特固始汗在水馬年即西元一六四二年擊敗，固始汗將西藏獻給達賴喇嘛手中，將在後面講到。」[8]

總之，由於噶瑪噶舉和格魯派之間的矛盾衝突中，格魯派的一方暫時遭到巨大失敗，被噶瑪噶舉派倚為靠山的第悉藏巴在一六一八年即藏曆第十繞迥的土馬年建立了統治前後藏的政權。第一任第悉藏巴彭措南傑從西元一六一八年到西元一六二〇年執政兩年，第二任第悉藏巴噶瑪丹迥旺波從西元一六二一年到西元一六四二年執政二十二年。

第悉藏巴的政治中心在谿卡桑珠孜（今日喀則），除了在前後藏

8　《王統世系水晶鑑》手抄本，第 47-48 頁。

的關鍵地方的十三個大宗的城堡外，其他各宗及險要地方的堡寨，為防止有人據以作亂都被第悉藏巴下令拆毀，拆除堡寨所得的木料等物資，被用來興建寺院和造船造橋。

第悉藏巴能夠這樣實現對前後藏地區的統治，一是由於他逐漸增強的軍事力量，更為重要的是，噶瑪巴得銀協巴之時，明朝景泰皇帝因漢藏之間距離遙遠，曾頒給得銀協巴詔書，規定噶瑪巴可以委任適合的人員擔任僧俗官職，依據這一詔書，噶瑪巴卻英多吉（黑帽系第十世活佛）指定第悉藏巴彭措南傑為前後藏的統治者，並贈給一方紅色玉印，以及旗幡、嗩吶等貴人的儀仗，承認第悉藏巴為前後藏之主宰。[9]

第悉巴噶瑪丹迥旺波也得到了這樣的文書和印章。這在當時，是無人能比的政治優勢，而且第悉藏巴治理政權上也有一套比較完整的辦法。

在法律方面，他在以前帕竹的《十五法》的基礎上增加了「邊地蠻荒法」（即管理邊遠地區的法律）成為《十六法》；他還根據當地計量糧食等物品單位不統一的情況，制定了統一的度量衡標準。

此外史書上還給他總結了五個方面的政績。一、第悉不接受出家人敬禮叩拜，禮敬供養出家人，每年都給僧人提供口糧和衣物；二、恢復西藏一度廢弛的法律，制定了巨冊法律，使所有屬民像酸奶凝結的奶皮一樣安寧，白天黑夜都可以沒有驚恐地入睡；三、發布文書，規定每年輪流免除一部分人家的力役租稅；四、規定每年從神變法會

9　《藏堆傑波傳》油印本，第9頁。

（正月）到十月之間封山封河，禁止漁獵；五、保證金橋（商道）的暢通，在「白雲上立標準、雪山上設路標、黑土上量遠近，從漢地的北門經過蒙古直到前後藏，老婦可以背負黃金平安通過。」

然而在另一方面，由於噶瑪噶舉派和格魯派之間的矛盾越來越尖銳，第悉藏巴站在噶瑪噶舉派的一邊，對格魯派由仇視到進行迫害，最後格魯派為了自己的生存而向外謀求援助，西元一六四二年蒙古固始汗率兵進入西藏，徹底消滅第悉藏巴的力量，固始汗迎請五世達賴喇嘛到日喀則，把西藏地方的全部政權、從第悉藏巴的宮殿黔卡桑珠孜取得的各種財富獻給五世達賴喇嘛，建立起甘丹頗章政權。這方面的詳細情況，我們將在下一章甘丹頗章統治時期中加以敘述。

在第悉藏巴的政權結束時，為了拯救第悉藏巴的性命，薩迦夏仲、四世班禪洛桑卻吉堅贊向固始汗求情，結果第悉藏巴噶瑪丹迥旺波等人被蒙古軍押送到內鄔宗監禁，沒有傷害他們的生命。

但是後來噶瑪巴師徒等第悉藏巴一派的僧俗人士在前後藏和工布地區掀起反亂，固始汗下令處死「毒根黑烏頭（比喻罪魁禍首）」第悉藏巴及其在內鄔的幾位臣下，結果第悉藏巴噶瑪丹迥旺波被拋入拉薩河淹死，這個政權從此煙消雲散。

第七章

甘丹頗章政權統治時期

第一節

五世達賴喇嘛阿旺洛桑嘉措的事蹟

一、被認定為第五世達賴嘛掌握西藏地方政權

第五世達賴喇嘛阿旺洛桑嘉措在歷代達賴喇嘛中，聲譽遍及全國，在西藏的政教事務中，尤其在鞏固中國統一方面，立下了不朽的功勛，根敦珠巴大師、根敦嘉措、索南嘉措被追認為一、二、三世達賴喇嘛，第四世達賴喇嘛是雲丹嘉措。由於洛桑嘉措是第四世達賴喇嘛的轉世靈童，所以按輩份算，便是第五世達賴喇嘛了。

第五世達賴喇嘛之父是瓊結地方頭人霍爾‧頓都熱丹，母名貢噶拉則。第五世達賴喇嘛於西元一六一七年（藏曆第十繞迴的火蛇年）誕生在青瓦達孜宮，即瓊結宗堡之內。當時，正值藏巴第悉統治前後藏地區之際，噶瑪噶舉派與格魯派之間，因教派感情而嚴重對立，加之藏巴第悉時常患病，他懷疑是第四世達賴喇嘛雲丹嘉措對自己施放咒術魔法所致，從一開始便嚴令禁止尋覓達賴轉世靈童。班禪洛桑曲堅做法事禳解，才得其痊癒。班禪大師便趁機再三懇請他准許尋覓第

四世達賴喇嘛的轉世靈童，得到了他的應允。西元一六二二年（藏曆水狗年），當靈童長到六歲時，以第四世班禪洛桑曲堅為首，率三大寺僧眾，將靈童迎至哲蚌寺。根據其年齡，循序漸進，教授其顯密經典。一六二五年（藏曆木牛年），班禪大師為其剃度，授其最初出家的關鍵戒律沙彌戒，取法名為阿旺洛桑嘉措。

第五世達賴喇嘛的施主固始汗，是北方新疆地區厄魯特四部之一的和碩特部王哈尼諾顏與王妃阿海哈吞之子。他生於一五八二年（藏曆第十繞迥水馬年）。當時，正值藏巴第悉統治前後藏之際，噶瑪噶舉派與格魯派之間矛盾日深。但是，黃帽派在上部的阿里、中部的前後藏、下部的多康、青海、蒙古等地都已形成牢固的基礎。

特別是第三世達賴喇嘛索南嘉措與內蒙古的俺答汗結為福田施主關係之後，俺答汗向達賴喇嘛進尊號曰：「金剛持達賴喇嘛」，並贈了刻有蒙、漢文印文的「金剛持」金印。從此，達賴喇嘛的名聲便遠播於內外蒙古和中國內地。但是，一段時間以來，蒙古四十九大部落之內的喀爾喀部首領卻圖汗率領部眾離開本土，占據了青海，實施其統治。他與甘孜地區的白利土司二人又都是本教的施主，故而互相配合呼應，對所有的佛教派別，尤其是格魯派，深加仇視。在這種形勢下，第五世達賴喇嘛遣臣向固始汗求助，固始汗應請，派人進藏調處有關事務。西元一六三七年（藏曆火牛年），厄魯特部首領固始汗首先對青海的卻圖汗用兵，消滅了卻圖汗的近三萬人的軍隊。[1]於是，固始汗部全體從天山南麓遷入青海。當年秋天，固始汗率領部分隨從，喬裝成商旅，潛入拉薩，偵察前後藏等地形勢，向達賴喇嘛和班

1　《五世達賴喇嘛自傳》第一部，第168頁。

禪大師獻白銀數萬兩，皈依佛法，受了居士戒。

西元一六三九年（藏曆土兔年），固始汗自青海調動大軍，進攻藏巴第悉在甘孜境內的盟友白利土司。經過近一年的戰爭，以武力占領了德格、甘孜、芒康、鄧柯、白玉等地，消滅了白利土司頓月多吉及其追隨者。以後，固始汗表面上佯裝帶兵自芒康撤回青海。藏巴第悉聽說這一情況後，不知是計，便未加防範。固始汗則趁機突然從北路率兵去後藏重地，進攻藏巴第悉。

此後，司庫索南群培又在前後藏地區到處進行動員，大量徵集士兵。在後藏地區，由於遭到對方猛烈抵抗，所以沒有取得重大進展。當時，「藏巴第悉及其屬下官員還發出蓋印的書信，請求達隆沙布隆、班禪大師和傑策仲巴前來幫助說和」，「為了試探藏巴第悉及其屬下官員是否會投降，班禪大師根據（固始汗）王與司庫（索南群培）福田施主二人的請求，於冬末前往烏郁。」這表明，班禪大師與藏巴第悉雖是同鄉，彼此交厚，但是藏巴第悉對班禪大師所抱的希望與懷疑參半。「這次議和未能成功，蒙軍進攻越發激烈，而藏巴第悉的軍隊力量則日見消弱。三月，藏地木門者皆被持教法王收於治下，色拉寺、哲蚌寺、大昭寺等處也都煨桑、張幡掛旗，大加慶賀。」「初到孜地（即日喀桑珠孜），大經堂內有無數藏蒙人員列坐聚會，宣示將現存於江孜的薛禪皇帝向八思巴大師奉獻的諸多所依供養佛像和以日喀桑珠孜為主的藏地十三萬戶全部奉獻（給第五世達賴喇嘛）。」[2]這足以證明固始汗以佛舍利為先導，將前後藏地區贈予第五世達賴喇嘛，作為佛法屬民。其做法是根據元朝薛禪皇帝把西藏十三萬戶賜給

2　《五世達賴喇嘛自傳》木刻版第一部，第 108 頁。

救主薩迦派的八思巴大師的先例行事，是符合歷史傳統的，是完全合法的。而且，我們也可以了解到，達賴喇嘛認為此事至關重要，所以才寫入自傳之中，這決非偶然之事。

這樣，固始汗將第五世達賴喇嘛從拉薩請至谿卡桑珠孜，把西藏三區的全部政教大權，以及自己的族系人等，盡皆效與第五世達賴喇嘛，作為佛法屬民。於西元一六四二年（藏曆水馬年），以達賴喇嘛駐錫地甘丹頗章宮為名字，正式建立了甘丹頗章地方政府。

固始汗雖然一舉打垮了藏巴第悉政權，但是前後藏的形勢並未統一。達賴喇嘛、固始汗以及隨從人員等返回拉薩以後不久，以紅帽系噶瑪巴和黑帽系噶瑪巴為首的藏巴第悉一派的勢力便發動了叛亂。班禪大師面臨險境，便派人前來求援，（固始汗）王與司庫索南群培等率軍經塔布地方征剿敵軍，於舉巴浦大敗工布地區的八千人的軍隊。將噶瑪巴手下確英關入監牢，從其護身符內搜出一份貼有噶瑪巴命令的計劃備忘錄：「將固始汗及司庫索南群培處死。將班禪大師及我師徒二人帶往工布地區關押。搗毀格魯派寺院。按照鐵猴年起事時的規矩，劃給古熱巴的宗和谿卡。……將日喀則、南木林、白朗三宗交付他掌管。此文件落入固始汗王及司庫索南群培之手以後，固始汗大怒，噶舉派逐面臨覆滅的厄運。」[3]最初，班禪大師與薩迦派達欽等顯貴人物曾向固始汗為藏巴第悉丹迥旺布懇切求情，不要傷害他的性命，因而他被關押在吉雪內鄔宗。由於西藏全面發生了規模如此之大的叛亂，所以固始汗下令將其從內鄔宗附近投入河中。

---

3 《五世達賴喇嘛自傳》第一部，第230-231頁。

甘丹頗章政權的政務要員們意識到鞏固政權比奪取政權更加困難，因此進行了多方思考，諸如，在與哲蚌、色拉二大寺附近的視野開闊處且不與其他山脈相聯屬的紅山之巔建築堅固、巍峨的宮殿，向新即位的清皇帝進貢並建立連繫等。

在拉薩紅山上修建布達拉白宮之事，最初是在西元一六四三年（藏曆水羊年），由林麥夏仲・貢覺群培建議的，他在政治及宗教方面都見多識廣。由於林麥夏仲・貢覺群培所言正合達賴喇嘛之意，所以達賴喇嘛便與第巴索南群培議定，於西元一六四五年（藏曆第十一繞迴的木雞年）開始為布達拉宮的白宮奠基。

二、朝見清朝皇帝及獲得金冊、金印等封賞

甘丹頗章地方政權剛剛建立時，不但沒有得到藏巴第悉的軍隊和噶瑪噶舉派屬下勢力的承認，相反他們還在塔工地區公然掀起叛亂。因此，僅靠軍事力量還不足以鞏固局勢，尚需輔以政治措施進行配合。當時，中國內地的明朝已經衰落，瀕於崩潰，清朝政府已在東北成立。達賴喇嘛和班禪大師與固始汗商議，最後決定任命賽欽曲結為使者，派他前去與清朝皇帝聯絡。西元一六四二年（藏曆水馬年），賽欽曲結從西藏出發，第二年抵達瀋陽。清太宗親率諸王、貝勒、大臣出懷遠門迎接。

清朝政府與達賴喇嘛建立連繫，對清中央政府和西藏地方政府都具有現實及長遠的利益。對於西藏而言，失敗的藏巴第悉的殘存勢力不甘屈服，為了鞏固新成立不久的西藏地方政權，尚需一種有效的政

治力量的支持。對於清政府而言，若要統治各少數民族地區，特別是蒙藏地區，一個重要的條件就是得利用當時在群眾中備受尊崇且享有很高聲望的佛教，因而十分需要依靠第五世達賴喇嘛和第四世班禪大師二人。

賽欽曲結返藏時，清太宗令其帶回致達賴喇嘛、班禪大師和薩迦達欽的書信及所賜禮品。

順治皇帝入關登極以後，專門派遣人員到西藏對達賴喇嘛和班禪大師進行慰問。並給西藏各大寺熬茶、放布施。同樣，達賴喇嘛和班禪大師亦派專人為貢使，祝賀皇帝登極，表貢方物。西元一六五一年（藏曆鐵兔年），順治皇帝專門派遣察幹上師和席喇布上師前往西藏，敦請達賴喇嘛赴京。

第二年，即一六五二年（藏曆水龍年）三月，第五世達賴喇嘛率領西藏的僧俗官員及隨從，共三千多人，出發前往北京。當達賴喇嘛一行抵達青海時，順治帝命內務府大臣協古達禮康來迎。並從府庫內賞給路途上所需食物。抵達甘肅時，皇帝又賜給達賴喇嘛金頂黃轎，達賴喇嘛乘轎於（藏曆）十二月十六日到達北京。順治帝根據雙方意見，以畋獵之名，在南苑與達賴喇嘛相遇於路途的方式，進行了迎接。「皇帝對我格外施恩。我獻上珊瑚、琥珀、獸皮千張等貢物。皇帝回賜物品十分豐厚。」[4]

此後，在都城居留二個月後，達賴喇嘛上奏順治帝曰：「此地水土不服，身既病，從人亦病，請告歸。」諭允。上賞賜極為豐厚。達

---

4 《五世達賴喇嘛自傳》木刻版，第一部，第197頁。

賴喇嘛抵達代噶後，順治帝又遣禮部尚書覺羅郎球和理藩院侍郎席達禮等，將皇帝冊封達賴喇嘛的金冊、金印送到代噶，印文為「西天大善自在佛所領天下釋教普通瓦赤喇怛喇達賴喇嘛之印」。這些表明，達賴喇嘛的名號已經確定下來。在歷代所頒賜的金冊、金印中，最主要的還是上述清朝順治皇帝所賜的金冊及「大金印」。達賴喇嘛自傳說，「將皇上所賜金印中的漢文擇要化簡，仿製新印，以便於在長效土地文書上鈐用。撰寫新印贊詩，獻給洛格肖日菩薩及欲界自在戰勝天母。」[5]由此可以看到，第五世達賴喇嘛是如何將清帝所賜金印作為他執掌西藏政權的主要標誌而十分重視，並加以使用的。

達賴喇嘛赴中國內地時，固始汗正蒞患疾病，留於西藏，未能進京。但是，「清世祖對於當時實際上控制著西藏局勢的固始汗並沒有忽視。清世祖仍然以金印、金冊封賞固始汗。金印的全文是『遵行文義敏慧固始汗之印』」[6]達賴喇嘛自中國內地返回藏以後，逐步在前後藏地區修建了十三座格魯派寺廟，被稱為「十三林」。

西元一六五四年（藏曆木馬年），達賴喇嘛前往後藏，他與班禪大師二人同心同德，廣泛舉行佛法儀式。但是，第悉索南群培與班禪大師之間，一段時間以來，關係不睦。當時（西元 1621 年藏曆第十繞迥鐵雞年），「蒙古軍於江壩崗擊敗藏巴第悉軍隊，藏巴第悉軍隊逃上加布日山，蒙軍復將該山團團圍住。其時，班禪大師等人出面調停，拯救了近十萬人的生命。由於藏巴第悉懼怕班禪大師密咒瑜伽的法力和格魯派施主蒙古人的巨大軍事力量，所以不得不以禮敬的形式

5　《五世達賴喇嘛自傳》木刻版，第一部，第 275 頁。
6　《達賴喇嘛傳》藏文版，第 84-86 頁。

把搶占去的格魯派寺院、百姓及桑阿卡寺退還出來」。[7]此前數年，拉薩大昭寺由藏巴第悉管理，如今交由班禪大師掌管，直到達賴喇嘛靈童長大成人為止。班禪大師則從扎什倫布寺派出代表到大昭寺，經辦管理事務。在班禪大師管理大昭寺約十一年之後，於西元一六三二年（藏曆第十一繞迴的水猴年）底交還給了甘丹頗章首領。從表面看，雙方的意見是一致的，但實際上班禪大師對第悉·索南群培十分不滿，這是格魯派內部的一件大事，所以當時第五世達賴喇想出這一良策加以化解。

三、五世達賴喇嘛的若干施政舉措

正如達賴喇嘛的傳記所說，西元一六五九年，藏曆土豬年，「與往昔不同，執黃帽教派之安危，皆繫於北方施主，尤其是青海湖周圍的蒙古人之手。當時，格魯派的教法，尤其是甘丹頗章政權首領的軍事活動，要依靠蒙古人的力量。蒙古眾頭領按照宗教的規矩立下重誓，做到內部互不同室操戈，全都聽命於達賴喇嘛，得到達賴喇嘛的認可。這不但對於蒙古人內部爭鬥得到平息，甘丹頗章政權的統治得到鞏固有利，而且對於未來阻止中央王朝與蒙古人的戰爭也大有裨益。總之，採取這一方針，對於中國的統一，民族的團結和延續格魯派教法等項事業，都作出了偉大的貢獻。

順治帝於一六六一年（藏曆鐵牛年）駕崩，第二年班禪大師洛桑

7　《宗教源流·如意寶樹》木刻版，第 106 頁。

曲堅亦圓寂。一六六三年（藏曆水兔年）康熙皇帝登基。四年後，第五世班禪洛桑益西被認定，並被迎到扎什倫布寺。

一六六八年（藏曆土猴年），第悉赤列嘉措及丹增達延汗二人先後去世。按照蒙古人習慣，然那（固始汗次子）是適宜接班人人選，達賴喇嘛決定還是立即派人去迎接至布達拉宮為上。該年，南方的不丹人發兵進攻西藏屬民門巴人，達賴喇嘛遂下令兵分四路，進行反擊，親自為政教事務操勞。不久，這次藏不事件在薩迦派、扎什倫布寺和吉雪臺吉等方面的調停下，得以和平協商結束。

關於原西藏地方政府官員的最隆盛的官服「珍寶服飾」的來源，達賴喇嘛自傳說，「自薛禪皇帝將藏地三區賜給八思巴大師起，藏地便興起戴五種『周』或官帽，使用內地刑律及以十三種官位為代表之重大制度。大員須穿戴外罩官服、官帽、飾品。尤其至天命王帕木竹巴、國公大元帝師聖諭高位之世家強巴、沖・格薩爾王之婿江卡孜巴、王族仁欽蚌巴等有來歷之地方首領時期，玉鑲大金嘎烏、右耳飾、耳飾下襬、長耳飾、琥珀、珊瑚、外罩官服、黃絨小帽等精妙飾品十分流行……」[8]甘丹頗章政權舉行大典時，由「珍寶服飾」者列隊的做法，是自西元一六七二年，即藏曆第十一繞迥的水鼠年新年初二日開始的。

此外，地方政府舉行典禮時，對於坐墊高低亦進行了具體規定。薩迦派和帕木竹巴派兩派的後裔被列在首席，獲得殊榮。這表明了他們得到中國元、明兩朝歷代皇帝賜給的封文、印信，曾經執掌過統治

8　《五世達賴喇嘛自傳》第二部，第 129 頁。

西藏地方的權力。此時格魯派雖已登上統治全藏的歷史舞臺，但是在詳細的座墊文書中規定，噶舉派的大喇嘛，如達隆寺活佛、紅帽噶瑪巴活佛的座墊高於甘丹寺法座的座墊。主巴、崗布、楚布仲巴、康地類烏齊法王、止貢寺上師等的座墊與甘丹寺法座的座墊等高。由此可以看出，第五世達賴喇嘛並未像仁蚌巴和藏巴第悉在統治前後藏部分地區時所表現得那樣心胸狹窄，而是名副其實的「所領天下釋教」，採取了寬宏大度的辦法。特別寫明對清朝皇帝所遣一般人員亦給予「五層薄墊」的厚待，得到皇帝賞賜印信的內官員給予適當高度的座椅。這充分反映了第五世達賴喇嘛不但一切顯密經教以達化境，而且對於世間政務方面的典籍亦有廣泛、細致入微的研究。

　　眾所周知，甘丹頗章政權建立以後，在西藏內部遇到的最大的敵對勢力是以紅、黑帽噶瑪巴為首的噶舉派。該派以往雖曾連年於後藏及塔工地區，向格魯派發動過進攻，但都被蒙古人的武裝力量鎮壓下去。以後，第五世達賴喇嘛不但下令對紅帽噶瑪巴既往不咎，而且對其給予了出乎人們意料之外的優待。這些情況，在達賴喇嘛的自傳中皆有記載。總之，在清朝皇帝的支持下，達賴喇嘛以其具有遠見卓識的策略，從此逐步化解了噶瑪噶舉派與格魯派之間的矛盾，使西藏內部形勢趨於安定，甘丹頗章政權向著鞏固的方向發展。

　　西元一六七四年（藏曆木虎年），平西王吳三桂發動了叛亂，康熙帝遣人齎旨入藏，命藏方出兵配合作戰。達賴喇嘛敦促皇帝與臣下罷兵言和。為使國內戰亂平息，天下太平，達賴喇嘛命色拉、哲蚌、甘丹三寺做了大量免戰法事。「自天子順治王登基至今，對我恩寵有加，我親揭皇宮，瞻仰聖顏，皇帝賜我封號與職位，我亦竭忠心，為皇帝江山穩固，國家太平而做法事。即使傾全藏之兵至內地及霍爾地

區助戰，亦於事毫無補益。厄魯特蒙古之兵雖善戰，但桀驁不馴。且天氣火熱，痘疫流行，令人望而生畏。」[9]同樣，平西王派人入藏請求軍事援助，達賴喇嘛說：「貴君臣失和，黎庶塗炭，甚為不美。滿族皇帝和以前二朝（清太宗和順治），即三朝之間，與藏地福田施主關係極為密切。我去晉謁皇上，皇上對我寵命優渥，王當知之。我做夢亦未敢違背皇上，若有違背皇上，不但上天不容，即您亦不了恥於我。祈王切勿觸怒上天。望給予回信及回話，並遣返派去之使人。」[10]這些話表明了第五世達賴喇嘛為國家的太平而持有的精明與善良的用心，以及對清朝皇帝的滿懷忠誠。

四、將阿里三圍納入治下　五世達賴喇嘛圓寂

一般而言，第五世達賴喇嘛的後半生，尤其是西元一六七九年（藏曆第十一繞迴土羊年），任命仲麥巴·桑結嘉措為第悉以後，便不再過多地過問政務，而全力進行宗教方面的修持，在這方面的成就是說不完，欲知詳情，請見《第五世達賴喇嘛自傳》第四部等書。其重要著述繁多，如隆堆大師所編目錄所言，他在西藏文化史上留下了不可磨滅的業績。

阿里三圍地區，自吐蕃贊普後裔統治以來，已有悠久的歷史。但是，一段時期以來，卻被拉達克王所占據。到第五世達賴喇嘛圓寂之

9　《五世達賴喇嘛自傳》木刻版，第二部，第 204 頁。
10　《五世達賴喇嘛自傳》木刻版，第二部，第 211 頁。

前，拉達克土司僧格朗傑對當地的格魯派十分仇視，並且竭力加以迫害。因而，西藏地方政府不得不對阿里地方用兵。第五世達賴喇嘛專門派人去召一位名叫甘丹次旺的蒙古王族成員。該人篤信格魯派，極有膽略，他從藏北的納木湖畔帶去二五〇名騎兵，迤邐進抵薩噶，他又在此外接收了許多援兵一同上路。漸次來到與三圍相近之處，藏蒙軍隊信心百倍地衝向拉達克軍營，將氣焰囂張的拉達克軍打的大敗。隨後乘勝進軍，最終藏方軍隊奪占了拉達克國都列城，拉達克方面發誓保證今後不再危害而要敬奉格魯派，並要善待眾屬民。把生活在阿里地區的吐蕃贊普後裔洛桑白瑪封為王、給其一千戶百姓。此外，還令阿里地區的達布噶舉派和寧瑪派各寺，仍照前尊奉本派教法，不得對其擾害。至於格魯派的各寺院，已破敗者進行修葺，未破敗者加以擴展。[11]總之，自此始，阿里三圍重新歸屬西藏，西藏地方政府向該地區派駐總管、噶本及各縣縣官，形成定製，直至民主改革時為止。

達賴喇嘛六十六歲時，即西元一六八二年（藏曆第十一繞迥水狗年），自二月十日起閉關念修，直至十七日仍繼續念修。後來腿部疾患略有增加。二十五日，達賴喇嘛的醫生塔布瓦來到第悉面前，稟告說，「大師脈象不佳，下令說若是第悉能來，命人前去喚來。」第悉與司膳堪布二人商議，為達賴喇嘛做了一場祈福禳災法事。後來，眾人走後，達賴喇嘛用手撫摸著第悉的頭，詳細教導他關於政、教二種事務的處理方法，對待以漢、蒙為主的施主做法等。達賴喇嘛道：「一切法皆無常。故哪有定數？無妨，勿短視，脈象亦無一定。我若有不測，則需暫時守密。我的轉世亦不會久滯，很容易。轉世地點及

---

11 《頗羅鼐傳》第 25-51 頁。

父母須前世機緣湊聚，你能再次認定我。即使出現複雜情況，也不會識別錯誤，不必擔憂。……」[12]第悉聞言以後，淚如雨下。於西元一六八二年（藏曆第十一繞迴水狗年）二月二十五日中午馬時意趣隱入法界。祭祀法體及舉行追薦法事等皆祕密進行。以後，密不發喪時間達十二年之久，這一情況容在以下關於第悉‧桑結嘉措一節裡敘述。

五、固始汗父子及歷任第悉

1、固始汗父子

固始丹增法王將全藏收服以後，獻給第五世達賴喇嘛，作為教民。在此後的十二年中，他與第悉共同擔負軍政重任。後來，清朝順治皇帝又將其冊封為西藏地方小邦之王。西元一六五四年（藏曆第十一繞迴木馬年），固始丹增法王逝世於拉薩的甘丹康薩府邸。第五世達賴喇嘛對他讚揚備至，並對他的逝世深感惋惜。

西元一六五八年（藏曆土狗年），固始汗之子丹增達延汗繼其父位。正式舉行登位典禮時，察干諾門罕、白居寺堪布等與第悉商量後建議，在達延汗名號中加進封號為「丹增多吉王」，並贈送了珊瑚、琥珀、茶葉、綢緞、氆氌等大量禮品。自此以後，固始汗子孫便成為西藏地方政府的靠山、被稱為「政府蒙古汗王父子」，由地方政府為其撥發糧餉，對其甚為恭謹。凡遇軍事、武力等重大事件，皆與地方

---

12 《五世達賴喇嘛自傳》木刻版，第 4 部，第 216-217 頁。

政府會商，並予以支持。但對地方政府的日常事務，則不擔責任與權力。

2、歷任第悉

　　甘丹頗章政權建立之初，第五世達賴喇嘛主要負責管理宗教事務，政治事務則由先後任命的第悉去管理。首任第悉是原司庫索南群培，自西元一六四二年（藏曆水馬年）至西元一六五八年（藏曆土狗年），在位十七年。直到固始汗逝世的十二年間，索南群培與固始汗共同處理事務。需要在文件上用印時，在固始汗的紅色印（該印的印文由一圈相連的萬形花紋環繞）旁，加蓋第悉・索南群培的方形黑色印。此期，按照第五世達賴喇嘛的意思，於一六四五年（藏曆木雞年）四月一日在布達拉山東面山上為白宮奠基，歷經四年，至土鼠年竣工。對於以前的乃東首領及藏巴第悉的法律條文進行了增刪，制定出「十三條律例」，其成就十分巨大。西元一六五四年（藏曆木馬年），固始汗於七十三歲時逝世以後，至土狗年的四年期間，由第悉・索南群培單獨執政。他一共執政十七年，後來在拉薩大昭寺的樓上去世。此後兩年的時間裡，由第五世達賴喇嘛屬理政務。

　　一六六〇年（藏曆鐵鼠年）七月十三日，任命仲麥巴・赤列嘉措（第悉・桑結嘉措父親之兄）為第二任第悉。

　　西元一六六九年（藏曆土雞年）八月一日，達賴喇嘛任命自己的司供堪布洛桑圖多為第三任第悉。此位第悉時期，挖掘、整理、使用了「珍寶服飾」，擴建、維修了拉薩小昭寺，雕版印刷了殊勝《甘珠爾》經。西元一六七四年（藏曆木虎年）三月，因他與薩迦派法嗣之妻扎西有染，被達賴喇嘛撤職。

西元一六七五年（藏曆木兔年），布達拉宮郎傑扎倉的管家洛桑金巴被任命為第四任第悉。正如寫在布達拉宮德陽廈三聯梯口門庭牆壁上，並印有達賴喇嘛手印的文告所褒揚的那樣，他為人清心寡慾，對政、教事業忠心耿耿。到西元一六七九年（藏曆土羊年）五月，在位四年後，提出辭職，得到達賴喇嘛批准。

六、第悉·桑結嘉措

第五任第悉·桑結嘉措於西元一六五三年（藏曆第十一繞迥水蛇年），生於吉雪娘程地方的仲麥村。父名阿蘇，母名普赤傑姆。第五世達賴喇嘛為其取名叫桑結嘉措。

他八歲時初次晉見達賴喇嘛，以後便隨第五世達賴喇嘛、其伯父第悉·赤列嘉措等諸多賢哲徹底修習各類學問。他從二十七歲（西元1679 年）至五十三歲（西元 1705 年）擔任第悉。

西元一六九四年（藏曆第十二繞迥木狗年），清朝康熙皇帝曾賜給其鐫有藏、漢、蒙三種文字的金冊和金印，用以褒揚他。關於此事，從第悉·桑結嘉措的言語中可以看出，歷史上統一治理過西藏地方的薩迦派和帕木竹巴派兩政權，所以能夠有力地、毫無爭議地行使統治權，是因為得到了元朝的封冊與印綬。此外，止貢與蔡巴等特殊地方的萬戶長等管理人員，亦得到了皇帝的諭旨及封文。總之，是在得到歷代皇帝的封賞文書以後，各位喇嘛才成為大喇嘛，各位官員才成為大官員。在西藏，歷來就存在著是否准許鈐用朱印，主要看是否得到皇帝封文的成規。

桑結嘉措先後撰著了西藏《四部醫典》的注疏《四部醫典藍琉璃》，以及該書《補遺》、藏醫史《醫學概論》、藏曆星算學格言總匯《白琉璃》等醫藥、曆算著作。西元一六九六年（藏曆火鼠年）創建了藥王山藏醫學校，製作了八十幅醫藥唐卡，一直流傳至今。第悉·桑結嘉措還著有《第五世達賴喇嘛自傳》、《傳記精要》、布達拉宮《第五世達賴喇嘛大金靈塔志》、《第五世達賴喇嘛火煉布爾擦錄》等著作近二十部，主持修建了布達拉宮紅宮主輔建築。為此，清康熙皇帝還專門派遣了前來幫助建設的漢族工匠一一四人，並下撥大量金銀。

第悉·桑結嘉措擔任行政職務三年以後，藏曆第十一繞迴水狗年（西元 1682 年），第五世達賴喇嘛圓寂。達賴喇嘛圓寂的當天晚上，第悉便召集格隆·江央扎巴等人在班丹拉姆像前占卜，結果是，要保密至轉世靈童誕生，並迎請到拉薩時為止。於是，第悉密不發喪，對外聲言五世達賴喇嘛在嚴格閉關修行。對康熙皇帝也隱瞞不報。有時遇到皇帝派來人員或是蒙古的重要施主前來，而達賴喇嘛不得不予以接見的情況，他便令長相與第五世達賴喇嘛相似的布達拉宮朗傑扎倉的僧頭翟熱出面接見，手諭等文字東西，則由第悉·桑結嘉措親自動手撰寫。在保密期間，再暗中設法多方尋訪轉世靈童。

關於這方面的情況，牙含章在他的著作中說，「1696 年（康熙三十五年），康熙率大軍親征準噶爾，在外蒙古克魯倫河打敗了准噶爾軍隊，噶爾丹服毒死，全軍覆滅。康熙帝從俘虜的西藏人的口中，得悉五世達賴喇嘛已死多年的消息，乃致書第巴桑結嘉措嚴厲責問。第悉·桑結嘉措接到信後，非常惶恐，次年（1697 年）向康熙帝寫了一封密信，內稱第五世達賴喇嘛已於水狗年示寂，轉世靜體今 15

歲矣，前恐唐古特人民生變，故未發喪，今當於牛年十二月二十五日出定坐床求大皇帝勿宣洩！康熙帝同意了來信所提出的請求。」[13]西藏的史料中記載，一六九六年（藏曆火鼠年）五月十日，首先向轉世靈童的父母解除了祕密，向他們說明他們的兒子已被認定為達賴喇嘛的轉世靈童。當年即特遣人進京稟告保密始末根由，還稟明如今靈童已經長大成人，不久即將其迎至布達拉宮，舉行坐床典禮。皇帝已經知道，云云。[14]沒有清楚的記述，故引牙含章書內容以為補充。

13　《達賴喇嘛傳》藏文版，第 93-96 頁。
14　《極明金穗》木刻版，第 287 頁。

六世達賴喇嘛倉央嘉措的事蹟

一、被認定為五世達賴喇嘛的轉世及坐床

第六世達賴喇嘛洛桑仁欽倉央嘉措之父扎西丹增，原居錯那宗。其母為贊普後裔，名叫次旺拉姆。倉央嘉措誕生於一六八三年（藏曆第十一繞迴水豬年）三月一日。據說，誕生時出現過多種異兆，從三歲起便表現出與一般小兒不同的行為。在錯那的十三年中，倉央嘉措備嘗艱辛。詳細情況在倉央嘉措傳《金穗》一書有記載。後世有一種流行的說法是，倉央嘉措在故鄉生活時，隨母親一起勞動，並和年輕姑娘談情說愛。這種說法有什麼根據，尚待考證。

西元一六九七年（藏曆第十二繞迴火牛年）燃燈節之際，第六世達賴喇嘛倉央嘉措在布達拉宮的司喜平措大殿，在丹增達賴汗和第悉‧桑結嘉措等藏蒙僧俗官員的參加下，舉行了坐床典禮。清朝康熙皇帝陛下從大局考慮，派出章嘉呼圖克圖等天使參加了典禮，並賞賜了無數珍寶。

一六九八年（藏曆土虎年），倉央嘉措至哲蚌寺，建立最初的法緣，從《菩提道次第廣論》的開首處，進行了經文傳承，開始聽取法相經典。第悉教授其梵文聲韻知識。另外，還從班禪大師及甘丹寺主持、薩迦、格魯、寧瑪等派有道上師學習大量顯密經典。第悉對於倉央嘉措的學習，管理得非常嚴格。

倉央嘉措成長的時代，恰值西藏政治動盪，內外各種矛盾接連不斷地開始出現之際。一七〇〇年（藏曆鐵龍年），丹增達賴汗在西藏去世。其次子拉藏魯白遂來至前藏，承襲了乃父職位。蒙古施主當中對此也產生了贊同與反對的兩種意見。另外，第悉對第五世達賴喇嘛的圓寂進行了長期保密，這引起了清朝康熙帝的不滿。在西藏內部，由於第悉獨斷專行，長期「匿喪」，身穿袈裟而又公開蓄養「主母」等行為，招致哲蚌寺、色拉寺部分首腦表現出不滿情緒等等。各種矛盾錯綜複雜，倉央嘉措感到「失望，學習也無益處」，遂變得懶散起來，且喜好遊樂，放蕩不羈。

一七〇二年（藏曆水馬年六月），倉央嘉措二十歲時，第悉勸其受比丘戒。他聽從勸告。前往扎什倫布寺與班禪大師洛桑益西相見。第五世班禪的傳記裡說，「休說他受比丘戒，就連原先受的出家戒也無法阻擋地拋棄了。最後，以我為首的眾人皆請求其不要換穿俗人服裝，以近事男戒而受比丘戒，再轉法輪。但是，終無效應，只得將經過情形詳細呈報第悉。倉央嘉措在扎什倫布寺居 17 日後返回拉薩。」[15]自那以後，倉央嘉措便穿起俗人衣服，任意而為。白天在龍王潭內射箭、飲酒、唱歌，恣意嬉戲。還到拉薩近郊去遊玩，與年輕

---

15 《五世班禪洛桑益西自傳 明晰品行月亮》第 209 頁。

女子尋歡作樂，放棄了戒行。

二、拉藏汗殺害第悉執掌西藏大權

拉藏汗利用第六世達賴喇嘛倉央嘉措與第悉・桑結嘉措之間的矛盾，製造越來越多的麻煩。第悉企圖投毒殺害拉藏汗的說法傳開以後，藏蒙福田、施主之間的矛盾更加尖銳。西元一七○五年（藏曆木雞年）一月，第六世達賴喇嘛、吉雪第巴、拉木降神人、色拉、哲蚌二寺堪布、政府各要員、班禪大師的代表、蒙古諸施主等，集議如何解決矛盾。最後議決，第悉・桑結嘉措辭去地方政府的職務，將貢嘎宗撥給他作為食邑；拉藏汗保留「地方政府蒙古王」的稱號，返回青海駐牧。但是，實際上雙方都沒有打算執行決議。拉藏汗從拉薩出發以後，在羊八井、當雄等地駐留多日，緩緩抵達那曲。在那曲集結了藏北各地的蒙古軍隊，準備打仗。他藉口第悉未遵守決議，仍然待在布達拉宮內干預政府的一切事務，從那裡折返拉薩。當年五月，拉藏汗在當雄將蒙古軍隊分為兩路，一路由他親自率領，從澎波而來；另一路尤其妻次仁扎西及部分軍官率領，從堆龍德慶而來。當時，色拉、哲蚌二寺的上師、密宗院的軌範師以及班禪大師的代表等人聞訊後，急忙先後趕去勸阻。請求汗王罷兵。但是，遭到拒絕。西元一七○五年（藏曆第十二繞迴木雞年）七月第悉・桑結嘉措被抓獲，押至堆龍德慶的朗孜村立刻斬首。從此以後，蒙古人拉藏汗統治前後藏達十二年。

三、拉藏汗控制下的六世達賴喇嘛的最後命運

拉藏汗掌握大權以後，對第六世達賴喇嘛多方責難。還特派人員赴京師，讒言桑結嘉措勾結準噶爾人，準備反叛朝廷。還說，第悉·桑結嘉措在布達拉宮立的倉央嘉措不是第五世達賴喇嘛真正的轉世靈童，他終日沉湎於酒色，不守清規，請予廢立。康熙帝即派侍郎赫壽等人赴藏，敕封拉藏汗為「翊法恭順汗」，賜金印一顆。命將倉央嘉措從布達拉宮的職位上廢除，「執獻京師」。遵照諭旨，廢掉倉央嘉措以後，不久即「解送」北京。在哲蚌寺前的參尼林卡為其送行時，哲蚌寺僧人將其強行搶至該寺的甘丹頗章宮中。拉藏汗聞報後，立即派兵包圍了哲蚌寺，寺僧們亦準備武力抵抗，雙方即將發生流血衝突。倉央嘉措見此情形於心不忍，便自動走到蒙古軍中，立地平息了這場一觸即發的戰鬥。然後，從北路進京，抵達青海的貢噶諾爾時圓寂，時年二十五歲。

其後，拉藏汗將生於西元一六八六年（藏曆火虎年）的活佛阿旺益西嘉措認定為第六世達賴喇嘛，將其迎至布達拉宮坐床，他在位十一年。但是，西藏僧俗群眾皆不承認他是達賴喇嘛的轉世靈童。白噶爾增巴·益西嘉措坐床以後，拉藏汗便上奏康熙皇帝，請求皇帝承認他是達賴喇嘛，並賜金印。皇帝依奏，賜金印一顆，印文為：「敕封第六世達賴喇嘛之印」，被修改為「敕賜第六世達賴喇嘛之印」。[16]

為了穩定西藏當時的混亂局面，康熙帝於西元一七一三年（藏曆第十二繞迴水蛇年）冊封第五世班禪洛桑益西為「班禪額爾德尼」，

---

16 《印鑑清冊》第 11 頁。

賜金冊、金印。命他協助拉藏汗管理好西藏地方事務。從此，歷代班禪的「額爾德尼」名號便確定下來。

四、準噶爾蒙古軍偷襲西藏

西元一七一六年（藏曆火猴年），準噶爾的策妄阿拉布坦遣其大將策零敦多布，率領六千名精銳部隊「繞戈壁，逾和田大山，晝伏夜行」，新辟聞所未聞之路，於西元一七一七年（藏曆火雞年）孟夏，經藏北納木湖突入西藏。

那時，拉藏汗駐於當雄。其次子蘇爾扎從青海迎娶妻子回來抵達當雄後，正在設喜宴慶賀。有人來報告拉藏汗說，大批軍隊正從納木湖濱馳來。拉藏汗立即採取集結前後藏、塔工等地的軍隊以拒敵的多項措施。在當雄地區，雙方交戰數陣，著名的猛將代本歐榮巴及繃唐巴二人犧牲，頗羅鼐負傷。終未能阻住敵人。後來，得知準噶爾軍隊企圖進軍拉薩，拉藏汗與軍隊急忙馳返拉薩，命藏蒙軍隊在拉薩城四周紮營拒守。準噶爾軍隨後將拉薩團團圍住，偽言：「我們不是為攻打拉藏汗而來，而是青海戴青和碩齊率軍護送達賴喇嘛轉世靈童格桑嘉措進藏，為了西藏黎庶和聖教而來。」這種輿論一傳十，十傳百，使得藏軍中厭戰情緒蔓延開來，再無斗志。數日後，準噶爾軍隊發起全面進攻。東面來犯之敵暫時被頗羅鼐率領的軍隊擊退。但是，從北面進攻的准軍衝入市內。拉藏汗聞訊後立即帶領少量侍從進駐布達拉宮。當年十一月一日，拉藏汗不聽從親屬們的勸阻，在其臣屬蒙古人洛桑群培的追隨下，出布達拉山下城牆東門，直奔魯古柄第而去。路

上殺死了幾名準噶爾士兵，最後被大批准軍包圍亂刃殺死。

此後，準噶爾人暫時掌握了西藏的大權。在整整三年之內，他們對前後藏地區實行了殘酷的統治。

七世達賴喇嘛格桑嘉措時期

一、認定和進藏

第十二繞迥陽土鼠年（西元 1708 年）七月十九日，達賴喇嘛洛桑格桑嘉措生在多康下部理塘圖欽強巴林（簡稱理塘寺）所屬的洛雪村，父親名叫索朗達吉，母名洛桑曲措，舅父阿蓋扎西為他取名叫「格桑嘉措」。

木羊年（1715 年），諾門罕和墨爾根岱青等頭人前後迎請靈童。此時，文殊大皇帝出兵討伐入侵西藏的準噶爾部，青海各大頭人齊集協商，決定奉皇帝旨意送靈童去塔爾寺。

土豬年（西元 1719 年），康熙的第十四子大將軍允 由幾位大臣和三千餘名士兵簇擁，從西寧來塔爾寺，部署漢蒙大軍，做好了迎請轉世靈童的一切準備。翌年（西元 1720 年），「皇子大將軍派七人送

來為進藏準備的白銀一萬兩，達賴喇嘛授長壽灌頂。」[17]

是年，「陰曆三月二十日，將軍帶來了奉天承運文殊大皇帝誠賜達賴喇嘛的用百兩黃金製成的金印，上刻著『宏法覺眾第六世達賴喇嘛之印』（當時，未承認倉央嘉措為六世達賴），用滿、蒙、藏三種文字寫成，並用一百五十兩黃金製成的金冊，誥命曰：爾自幼繼承前業，恪勤戒律，鑽研經典，深得各部落信賴，是以特降慈旨，頒給冊印，封爾為宏法覺眾第六輩達賴喇嘛。著爾闡揚佛教，輔朕大業，勤於訓導，恪遵勿怠。」

二、驅逐準噶爾勢力出西藏

準噶爾兵占據西藏期間，大肆燒殺劫掠，無惡不作，激起了西藏大多數僧俗群眾的仇恨。這時侯，大皇帝的軍隊難計其數，迎請達賴喇嘛轉世靈童進藏的消息傳播開來，西藏的一部分官員動用各種不同的方式，努力協助大皇帝的軍隊驅逐準噶爾兵。當準噶爾臺吉和吉桑等貴族劫掠各種珠寶裝飾品及大批物品等，經阿里準備逃回準噶爾部時，被噶本（營官）康濟鼐·索朗傑波騙進營帳作為貴賓相待，然後使營帳塌陷，除了在營帳外面的六十二名僕從逃脫外，多數頭人被捕獲。[18]另有準噶爾的一部分官兵經上部阿里地區逃跑時，被阿里三圍總管康濟鼐消滅。消息傳到聶拉木，頗羅鼐十分高興。由於阿里等牧

---

17 《七世達賴喇嘛傳》上卷，第 66 頁。
18 《噶錫哇世系傳》第 25-26 頁。

區缺少鐵料，於是，頗羅鼐打製了千多副馬蹄鐵，派人迅速送往阿里。在致康濟鼐的信中讚揚說：「你的英勇值得稱讚，聶拉木已作好了反擊準噶爾的準備，等待機會配合。」康濟鼐也很高興。從此他倆建立了志同道合的朋友關係。

清朝皇帝的軍隊到達西藏時，阿里三圍總管康濟鼐的軍隊已到卓雪地區，頗羅鼐從聶拉木發兵和江孜宗本熱丹夏爾巴帶領的軍隊、以及洛貢的隊伍會師拉孜，以其特有的能力平息內訌後，派兵占據了甘巴拉以上後藏所屬的全部地方，反擊準噶爾兵。

另外，阿爾布巴·多吉傑波藉口阻擋清朝軍隊而移師多康，其實他去迎接達賴喇嘛和皇帝的軍隊，為大軍帶路，詳細報告了准噶爾兵占據西藏的情況。

此時，康熙帝為了把準噶爾兵全部逐出西藏，分兵南、北、中三路，南路是由定西將軍噶爾弼率領的雲南、四川、湖楚、浙江等地兵，出打箭爐和昌都，於十二繞迴鐵鼠年（西元 1720 年）夏季抵達拉薩，拘禁了準噶爾的可疑僧人，並致信德欽巴圖爾和頗羅鼐，告知已抵拉薩的消息。中路是平逆將軍延信率領的陝、甘兵，他們於這年三月從青海出發，護送達賴喇嘛進藏，其先遣兵途中消滅了準噶爾兵的襲擊攔截，保持道路暢通。達賴喇嘛及其隨從經過那曲（黑河），秋天平安到達拉薩。

三、七世達賴喇嘛坐床、任命西藏地方政府首領

鐵鼠年（西元 1720 年）九月十五日，達賴喇嘛身著比丘的殊勝法衣，在文殊大皇帝的大臣阿達哈達、科秋艾增等諸多活佛高僧簇擁下，從甘丹曲果出發前往布達拉宮，拉薩四如和布達拉宮附近的居民載歌載舞相迎。文殊康熙大皇帝為祝賀達賴喇嘛坐床，賞賜上等哈達一條、白銀萬兩等，並頒發詔書：「為利益佛教、眾生，蓮足永固，法輪常轉。」皇帝所派官員和王族頭領們各自獻了豐厚禮品。[19]

是年十一月初五日，在布達拉宮日光寢殿，班禪大師向達賴喇嘛授沙彌戒，在原名前增加「洛桑」二字，全稱為「洛桑格桑嘉措」。[20]

其後，康熙皇帝派遣的將軍們開始依法處置第悉達孜哇等人。達賴喇嘛、班禪大師、頗羅鼐等人請求允許第悉達孜哇等人活命。但是，大皇帝的聖旨難違，沒有准請，第悉達孜哇、拉加熱丹和噶倫扎西孜巴、噶倫阿曲等人被帶到拉薩河堤岸背後處死，第悉達孜哇之子和準噶爾僧人等部分有罪者解赴內地問罪。鐵牛年（西元 1721 年），皇帝降旨：敕封德欽巴圖爾康濟鼐·索朗傑波為貝子，委任為總理西藏事務的首席噶倫；敕封阿爾布巴·多吉傑波為貝子，晉陞為噶倫；敕封隆布鼐·扎西傑波為公爵；敕封頗羅鼐·索朗道吉和扎爾鼐·洛追傑波為臺吉，晉陞為噶倫。成立了總理西藏地方政府事務的機構。

其前，參加拉薩祈願大法會的除了色拉、哲蚌兩寺為主的附近一

---

19 《七世達賴喇嘛傳》上卷，第 73-76 頁。

20 《班禪洛桑益西傳》第 294 頁。

些寺院、禪院的僧人外，甘丹寺僧人沒有參加的慣例。從水兔年（西元 1723 年）開始，決定甘丹寺僧人參加一年一度的祈願大法會，而且規定達賴喇嘛蒞臨每年的法會。

清康熙六十一年，大皇帝駕崩。為超度康熙大帝亡靈，達賴喇嘛親臨大昭寺，並與僧眾一起為文殊皇帝大法王和皇后誦回向文，誠心禱告。此後，派仲尼岱達爾罕進京祝賀皇四子繼皇位。「此後不久，皇帝差派一等侍衛薩罕阿木巴到藏，宣讀詔書，皇帝詔諭新委任兩名噶倫管理西藏十三萬戶地方的事務。」[21]新委任的兩名噶倫中一名為頗羅鼐，另一名是扎爾鼐·洛追傑波。據《七世達賴喇嘛傳》中詳細記載，首先委任康濟鼐和阿爾布巴、隆布鼐為噶倫，兩年後，敕封頗羅鼐和扎爾鼐兩人為臺吉的同時，晉陞為噶倫。

水兔年，青海發生叛亂，達賴喇嘛不忍無數生靈遭受災難恐怖，立即大發慈悲，勒令甘丹赤仁波且貝丹扎西務必前往調解說合。青海湖邊的王族羅卜藏丹津知恩不報，倒行逆施，違抗聖旨，發動戰亂，拘禁了當地頭人額爾德尼濟農和諾顏囊索、邁德欽加藏等；占領了蒙古卡西部落，搶掠武器、馬匹。據載，噶倫頗羅鼐臺吉和指揮官洛桑達結以及蒙藏士兵五百人從拉薩出發行至那雪地方，頗羅鼐運用文武辦法召來許多頭人平民，他們俯首施禮，抓獲抗衡額爾德尼濟農和皇帝欽差的人，帶到拉薩問罪，將那雪、玉樹、霍爾回部、上下仲巴、白黑黃三窮波等地兩萬餘戶置入屬民，然後勝利班師。

第十二繞迴木龍年（1724 年），雍正帝向達賴喇嘛頒賜詔書、

21　《頗羅鼐傳》鉛印本，第 453 頁。

金冊、金印，授於政教權力。聖旨要求七世達賴喇嘛如五世達賴

喇嘛那樣護持一切政教，頒賜每頁厚如牛皮的金冊十六頁，以及用滿、漢、蒙、藏四種文體寫成的大金印，上寫：「西天大善自在佛所領天下釋教普通瓦赤喇怛喇達賴喇嘛」。從此，開始了歷代達賴喇嘛年滿十八歲關心政教事務（親政）的規定。

四、噶倫內訌，衛藏騷亂

首席噶倫德欽巴圖爾和阿爾布巴、隆布鼐、扎爾鼐、頗羅鼐等人聯合統治西藏的六年時間裡，從一開始就出現了不合作的態度。根據《頗羅鼐傳》所說，導致這種現象的主要原因似乎是公隆布鼐・扎西傑波所為，他不滿意官位安排，玩弄陰謀，挑撥離間。其他四位噶倫根本沒有與他合作的想法，因此播下了相互嫉妒的病根。其中德欽巴圖爾和頗羅鼐兩位噶倫，從反擊準噶爾兵開始統治著後藏上部地區的雄兵，基礎牢靠，作戰經驗豐富。阿爾布巴、隆布鼐和扎爾鼐三人占據著以拉薩為主的前藏地區，是甘丹頗章政權的中心地。所以，前藏地區的多數主要官員幾乎都支持他們，他們也認為政治基礎牢靠、條件已經成熟。

西藏方面曾派人進京，祕密向大清皇帝呈獻了反映諸位噶倫相互不和睦的情況和全體藏民願望的幾封書信。這件事情的起因，和達賴喇嘛的父親也有一定關係。雍正帝接到密信後，悄悄派欽差鄂齊赴西藏調查。

第十繞迴火羊年（西元 1727 年），衛藏噶倫之間的矛盾非常尖銳，就拉薩的勢力來說，對阿爾布巴、隆布鼐、扎爾鼐三位噶倫有利。頗羅鼐臺吉多次向德欽巴圖爾發出警告，注意提防。然而，德欽巴圖爾心性豁達，並不把事情放在心上。頗羅鼐是位精明的人，他的夫人駐錫頗鼐莊園，他曾幾次向達賴喇嘛和德欽巴圖爾告病假，同意暫時回莊園居住療養。

這時，大皇帝降旨，以功賞賜德欽巴圖爾，並賜水晶印璽等。同時，處理西藏事務的兩位大人及其隨員不久來藏。消息傳到拉薩，阿爾布巴、隆布鼐、扎爾鼐獲悉後，商量提前暗殺兩位後藏噶倫，議定了動手時間，他們商定後徵求其他朋友的意見，大家一致表示同意。[22]

是年六月十八日，德欽巴圖爾、貝子阿爾布巴、公隆布鼐、扎爾鼐臺吉等噶倫在大昭寺殿門抱廈上面的康松寢開會時，仲尼洛桑頓月走到德欽巴圖爾身後，突然抓住他的頭髮，阿爾布巴洛桑、貝子阿爾布巴、公隆布鼐，臺吉扎爾鼐等人蜂擁而上，舉刀亂砍，德欽巴圖爾最終因流血過多死亡。緊接著德欽巴圖爾的幾名隨從人員也被殺死在大昭寺迴廊中，拉薩大昭寺拉章寢殿內外血流成河。同時，三噶倫派人帶兵去後藏捕殺噶倫頗羅鼐臺吉。頗羅鼐的心腹吉布巴・旺堆從拉薩來日喀則莊園途中，聽到德欽巴圖爾被殺的消息，立即派隨從向頗羅鼐送去秘信。頗羅鼐經過認真思考，將三條意見寫在紙上捲入糌粑團中，帶到佛像前選定，結果抽准第二條意見，調集阿里三圍和後藏地區的所有兵力立刻反擊。頗羅鼐決定親自領兵出擊，他留下得力者

---

22 《頗羅鼐傳》第 525 頁。

防守私人莊園後，急忙帶兵出發，前藏兵未能追趕上他，撤兵返回。是年七月十七日，頗羅鼐帶兵集結薩嘎、卓雪、桑桑、絳昂仁、拉孜、平措林等地兵力慢慢向拉薩進發。

當頗羅鼐獲悉前藏兵到江孜的消息，立即調撥大軍在日喀則附近紮營。之後，頗羅鼐率領大軍走年楚河北道，逐漸向江孜方向前進，在仲孜和前藏的一部分兵交鋒。這時，班禪仁波且派代表勸說雙方停戰，卻沒有收效，雙方繼續交戰，頗羅鼐的弟弟丹增・囊嘎爾瓦，前藏軍的翼官饒丹夏爾巴等幾名官員以及幾名士兵戰死。最後，頗羅鼐帶兵暫時撤退到薩嘎方向，前藏追至昂仁，雙方沒有發生衝突。

火羊年十月二十五日，頗羅鼐抵達江孜宗。從這天起，雙方每天交戰，沒有勝負。時間久了，前藏兵的乾糧、馬料等用盡，到附近搶掠，與群眾為敵，多次遭到後藏兵的毆打、逮捕，難以度日，沒有別的辦法。在這種情況下，隆布鼐等人向扎什倫布寺和薩迦寺代表敬禮，請求敦促頗羅鼐接受和談。

土猴年（西元 1728 年）五月二十六日，頗羅鼐兵占領了拉薩全城。阿爾布巴、隆布鼐、扎爾鼐和前藏工布的少數殘兵鑽進布達拉宮，緊閉大門，頗羅鼐的兵包圍了布達拉宮以及附近地方。達賴喇嘛賞賜頗羅鼐上等錦緞三匹，白銀五百兩，要求保證三位噶倫及其親屬的性命。王公頗羅鼐說：「按照達賴喇嘛指示，我不害他們的性命，讓他們的親友、隨從安全住到各自的住地，平安生活。將來，如果文殊怙主大皇帝的主力部隊來此地，如果我反映三位公倫顛倒是非所做的一切壞事，其後果倘若我錯了，處治我；若公倫們錯了，便處治他

們。在此期間，決不違背通知達賴喇嘛的旨意。」[23]就這樣，頗羅鼐把阿爾布巴、隆布鼐、扎爾鼐拘禁在各自的家中，為了防止逃往他鄉，每家周圍特派三百兵把守。

五、皇帝派人查辦藏事

是年秋季九月一日，首席欽差查朗阿和邁祿率大軍到拉薩，他們在軍營召見阿爾布巴、隆布鼐、扎布鼐，讓他們屈膝跪地，嚴詞審訊。頗羅鼐引證據駁，根據以前阿爾布巴、隆布鼐、扎爾鼐三人上書雍正帝，挑撥離間，列舉的德欽巴圖爾的罪狀七十餘條，一一詳細核查，揭穿了他們編造的謊言。

不久，聖旨到，斥責了阿爾布巴、隆布鼐、扎爾鼐三位噶倫及他們的黨羽。大皇帝頒發詔書，指出頗羅鼐所說的句句確實，一次賞賜白銀三萬兩。之後，將阿爾布巴、隆布鼐、扎爾鼐、覺隆喇嘛、南傑扎倉的管家、阿爾布巴洛桑和其他有罪之人共十七人等帶到巴瑪日山前的草坪上處死，他們的一部分親屬解赴內地問罪。

土猴年（西元 1728 年），清朝皇帝「於是年降旨：康區東部之打箭爐、理塘、巴塘等地劃歸四川管轄；康區南部之中甸、德欽、巴龍（維西）等地劃歸雲南管轄。」[24]同時，規定後藏的拉孜、昂仁、平措林三個重要宗劃歸班禪五世洛桑益西管轄。一七二七年，清政府

---

23 《頗羅鼐傳》第 641 頁。
24 《七世達賴喇嘛傳》上卷，第 114 頁。

決定任命兩名駐藏大臣，首席駐藏大臣為副都統馬臘，幫辦大臣為大學士僧格，他二人於土猴年到藏，總理西藏事務。

六、七世達賴喇嘛移居康區

此後，衛藏極為混亂，人們也被罪惡的魔鬼所纏，相互爭鬥，自然進入一些禍根之因，達賴喇嘛聖心不安。東方文殊大皇帝特派的大人護送並具辦大批順緣，敕令達賴喇嘛暫時遷居理塘。

火猴年（西元 1728 年）十一月二十三日，達賴喇嘛、父尊索朗達結及其隨從二百人從布達拉宮起程，拉薩的數千名僧俗群眾依戀送行到拉洞渡口，西藏地方政府官員和三大寺上師、執事等多數人送到德慶桑阿卡寺。達賴喇嘛返回前，委託溫嘉賽活佛晉邁益西扎巴為事業的代表，主持拉薩祈願大法會。

這一年，奉聖旨，欽差查郎阿等人撤回內地。為使西藏再不發生以前那樣的內外突然事變，以邁（祿）大人，僧（格）大人帶著二千名清兵駐守西藏，這種情況下必須備齊西藏駐軍的軍餉和馬匹等。

達賴喇嘛及其隨員經過長途跋涉，於土雞年（西元 1729 年）二月八日抵達他的降生地理塘，理塘第巴阿本扎西和達爾果南傑等僧俗群眾隆重迎接到理塘強巴林寺。諭鼐格（邁仁藏格）和馬大人（馬臘）留駐照看達賴喇嘛。諭著任（國榮）總兵官領兵二千名防護。[25]

---

25 《七世達賴喇嘛傳》上卷，第 142-143 頁。

鐵狗年（西元 1730 年）一月，「二十一日，達賴喇嘛從理塘寺起程去嘎達。」藏曆二月三日，「諸瑞相中，達賴喇嘛來到嘎達惠遠寺拉章頂層寢殿，宴待以下密院金剛持為首的隨從堪布和皇帝派來的官員鼐格、阿爾波二頭人，以及總爺，共同飲茶，食用果品、面點，鼐格呈獻了皇帝賞賜的白銀幾千兩。達賴喇嘛感謝大皇帝的深重恩德。」[26]此後幾年，達賴喇嘛一直駐錫惠遠寺，弘揚佛法，滿足了多康地區數萬名僧俗信徒的心願。

七、授封頗羅鼐總理西藏事務

達賴喇嘛去理塘後，西藏的一切政治事務都由頗羅鼐總理，清朝皇帝賜印冊，印面寫著「辦理危藏噶倫事務多羅貝勒之印」。鐵猴年（西元 1740 年），又賜「辦理危藏噶倫事務多羅郡王之印」。

頗羅鼐是一位智慧深廣，精力充沛，幹事精練的人。土猴年（1728 年），宣佈免除過去的一切徵稅。社會安定，人民生活有保證，整治了騷亂造成的各種危害，努力在全藏創造幸福。由此可以窺見，這些調動人心的做法是鞏固其統治的最有效的辦法。

頗羅鼐臺吉對當時西藏地方政治和文化古蹟方面做出了偉大貢獻，他主持雕刻了全套《甘珠爾》經板，嚴令：「如果希望將來西藏佈滿有雕刻技術的人，凡是對政教方面有利，必須讓所有宗谿中有雕刻技術的屬民立即進行練習，差不多時馬上派去協嘎爾雕刻工場。」

---

26 《七世達賴喇嘛傳》上卷，第 145 頁。

不久，有雕刻技術的達到一千人，規定了工作細則和獎懲辦法，大家全力以赴，非常勤奮，進度很快。按照以前的速度，快者一個月能雕刻五六塊印版，較慢者能完成三四塊，大多數人只能完成一兩塊。而現在技術熟練者每月能雕刻十六至二十三塊，次者能刻十到十五塊，技術一般者也能雕刻八至十塊經板，大多數人能刻五至七塊，最少者不下三塊，用了一年半的時間雕刻完了全套《甘珠爾》經板。

另外，頗羅鼐修繕了拉薩大昭寺和小昭寺，新建佛像塔，並且修繕了以三大寺院為主的幾所寺院，建塔立像。

八、平息不丹內亂

過去，不丹和西藏地方政府之間有過多次糾紛，相互為敵。不丹救怙主去世後，出現了兩位靈童人選，由於雙方爭執，導致內亂。不丹首領要求西藏地方政府出面調停，致書請兵支援。頗羅鼐從附近宗谿派出一部分援兵，結果被不丹兵打敗。頗羅鼐再次派衛藏三名軍官率領藏兵和若干蒙古兵增援，用力反攻，打散了不丹兵，終使不丹兩派達成協議，以後不再相互攻擊並交換了戰俘。新年時，不丹「派使者向文殊怙主世間主人大皇帝和吉祥大地之自在主人大法王（頗羅鼐）進貢呈書。」[27]當時的不丹國王仁青程勒饒結將自己的叔父次仁旺欽作為人質派到西藏。崗當喇嘛主僕和迦貝喇嘛頓珠等人來藏拜會頗羅鼐，獻大批禮物，建立了不丹向清朝皇帝和西藏地方政府逢年進貢的制度。

---

27 《頗羅鼐傳》第 756 頁。

九、縮減駐藏清兵七世達賴喇嘛返藏

　　水牛年（西元 1733 年），頗羅鼐奏請大皇帝：「駐藏清兵二千人，皇庫不斷支付費用，雖未增加賦稅，然而，西藏可利用面積小，屬戶不多，難以提供驛吏和燃料，以後只需二三名將軍和五百名兵駐藏即可，他們不必占拉薩居民房舍，可移居北郊扎協塘新建軍營，其餘軍兵撤退。」不久，大皇帝頒賜詔書：「貝勒頗羅鼐輸誠效力，唐古特之兵亦較前氣壯，今北京極多兵力駐紮拉薩，未見多用。因此，留兵五百名，兩名官員，另兩名官員等返回，軍營在附近扎協塘新建。」[28] 駐紮西藏的軍官邁（祿）大人、僧格大人、蔣興天大人等和一千五百名兵奉旨撤回內地。駐守拉薩的總兵官周起鳳大老爺等五百名兵移居新建的扎協塘軍營。

　　達賴喇嘛駐錫嘎達惠遠寺期間，大皇帝多次派金書使臣和人員慰問，達賴喇嘛也派代表進京請問聖安，獻禮表謝。水牛年（西元 1733 年），文殊大皇帝鑒於全藏幸福和弘揚釋迦牟尼聖教皆仰仗達賴喇嘛，且西藏動亂已經平息，令達賴喇嘛起程回藏。不日，清朝官員當眾宣佈來自理藩院的信，稱大皇帝詔諭皇十七子果親王和大國師章嘉呼圖克圖代表皇帝贈禮品。[29]

　　「木兔年，藏曆新年一月初一日，福田施主在大經堂受茶後，皇子果親王說：『皇帝旨諭：達賴喇嘛回雪域西藏後，使佛陀聖教，尤其是宗喀巴洛桑扎巴的教法若白晝般明亮，將西藏一切屬民置於快樂

28　《頗羅鼐傳》第 831 頁。
29　《七世達賴喇嘛傳》上卷，第 172 頁。

幸福，務使功業廣佈。』達賴喇嘛答謝道：『我雖無如此之能力，願能三寶之慈悲，我弘揚一切佛教，為使一切邊中眾生享受幸福，勤於講辯著和聞思修。』達賴喇嘛委任洛桑格勒為惠遠寺堪布，讓他今後管理該寺。」[30]

木兔年（西元 1735 年）七月十一日，星曜和合吉日上午，達賴喇嘛抵達拉薩。駐藏大臣馬臘等皇帝使臣、貝勒頗羅鼐、諸位噶倫、眾活佛高僧、迦濕彌羅（克什米爾）、尼泊爾、不丹等地代表，按照各自不同的習慣迎接叩謁。

火蛇年（西元 1737 年），第五世班禪洛桑益西圓寂。

土馬年（西元 1738 年），達賴喇嘛向金書使臣大喇嘛等人講授四臂大悲觀音隨許法，獎賞駐藏大臣杭奕祿等官員，並且通過驛站上書皇帝，感謝皇恩浩蕩……「給返回駐藏清兵五百人，賞賜送行。」[31]表明了清朝中央政府關心補償西藏地方政府的財政開支，規定駐藏清兵三年一換。

鐵猴年（西元 1740 年），「大皇帝授封噶錫班智達為『公』，晉陞為噶倫。噶錫班智達獻禮物表謝。達賴喇嘛賞賜禮品。」[32]這年，封貝勒頗羅鼐為「多羅郡王」。

鐵雞年（1741 年），後藏絳達章扎西則的貝丹益西被選定為五世班禪的轉世靈童，奏報皇帝，降旨照準。第二年，按照以前的成規，

30 《七世達賴喇嘛傳》上卷，第 177 頁。

31 《七世達賴喇嘛傳》上卷，第 293 頁。

32 《七世達賴喇嘛傳》上卷，第 295 頁。

第六世班禪貝丹益西在扎什倫布寺坐床。

十、達賴喇嘛與頗羅鼐之間產生隔閡，頗羅鼐去世

頗羅鼐是一位始終擁護中國統一，為衛藏地區的安寧和人民幸福有特殊歷史貢獻的人物，這些從其傳記中可以清楚地看到。然而，由於衛藏戰亂，他對七世達賴喇嘛一度失去信仰。尤其他去世前，他的私人秘書倉結親近達賴喇嘛，作近前侍從，引起他的不快。另外，派扎巴塔耶為達賴喇嘛的司膳，由於身邊服務人員的挑撥離間，搬弄是非，達賴喇嘛本人也很苦惱。福田和施主失去相互信任和尊重。

第十三繞迴火兔年（西元 1747 年）新年宴會結束後，頗羅鼐的脖頸患熱癤病，用盡各種辦法治療都未奏效，於二月二日病逝於臥榻上。

十一、敕封珠爾墨特那木扎勒襲郡王位總理西藏政務

頗羅鼐有二子，長子阿里公珠爾墨特策布登（有些文獻稱「益西次丹」），總管上部阿里地方事務。第十三繞迴火兔年（1747 年），其父去世後，清朝乾隆皇帝敕封次子達賴巴圖珠爾墨特那木扎勒襲位為郡王，掌管西藏地方政權。最近國外出版的《西藏政事王統》一書

中這樣寫道:「……頗羅鼐死後,達賴喇嘛立即敕封其子郡王珠爾墨特那木扎勒為達賴巴圖爾之名號,按照父親在世時,管理西藏事務。」提出了一個不符合歷史事實的新觀點。為了使人們了解真實歷史,在此引證這方面一些比較重要的文獻。關於頗羅鼐父子統治時期,噶倫《多卡哇·夏仲次仁旺傑傳》中說:「此後不久,奉天承運大皇帝敕諭達賴巴圖爾繼承頗羅鼐的遺業,賜郡王號、印章,總理藏務。」[33]特別是《七世達賴喇嘛傳》中說:「這時,大皇帝敕諭達賴巴圖爾承襲郡王位。」[34]《西藏地方政府印冊》中說:「乾隆十二年,火兔年四月,頗羅鼐之子珠爾墨特那木扎勒被大皇帝封為『多羅郡王』。」[35]這裡,我們的任務是介紹歷史事實,不作任何推理爭辯,對於其他重大事情也持這種態度,進行評比,力求真實。

從火兔年任命珠爾墨特那木扎勒為藏王到鐵馬年,他統治西藏四年。其間,他完成了從其父時開始進行的如意寶樹捲軸畫和八十幅宗喀巴畫、十六羅漢等捲軸畫版,敬獻六世班禪;擴建了甘丹寺和桑普寺的經堂,在甘丹寺設立了達孜修供法會。

「郡王不能控制自己的一切行動,鬼使神差,不能自理安靜,時常勃然大怒,性格狂暴,猶如摩羯(巨鰲),凡事不加考慮,妄自尊大,殘害百姓,使人無所適從。正如諺語所說:凡見者殺,凡聞者懼,人皆恐懼,毛骨悚然。對直言勸者,怒目相視,仇恨在心,嚴厲懲處;凡對壞事說好,謊言相告,欺騙之言,則洗耳恭聽,笑臉相

---

33 《多卡哇·次仁旺傑傳》第 58 頁。
34 《七世達賴喇嘛傳》上卷,第 376 頁。
35 《印鑑清冊》第 15 頁。

待，顯露出喜愛的姿態。這時，我們若冬季的杜鵑，無話可說，就是這樣也不行，他用各種辦法損害，不斷設置障礙。」[36]總而言之，這裡揭示了珠爾墨特那木扎勒的人品、知識水平和生活作風。珠爾墨特那木扎勒對於其父親的密友、擔任了近二十年噶倫職務、具有淵博知識的大學者多卡哇·次仁旺傑行為十分粗暴。

珠爾墨特那木扎勒和兄長阿里公相互爭奪政權而發生內訌，他是一位搬弄是非，專搞陰謀詭計的人。達賴喇嘛大發慈悲，心懷西藏民眾，勸說二人講和，指出如果爭端繼續，會危害眾生，且對二人不利。然而，珠爾墨特那木扎勒猶如業咒所蔽，不聽勸解，使戰亂升級，阿里的軍兵結集於薩嘎備戰，據說從前藏派往阿里的軍隊，在吉隆宗搶掠三次，給當地人民帶來了災難。

十二、珠爾墨特那木扎勒謀叛遭駐藏大臣誘殺

土龍年（1749 年）底，珠爾墨特那木扎勒派人去阿里，暗殺兄長阿里公珠爾墨特策布登，革除其子，將阿里置入管轄。駐藏大臣傅清和拉布敦，對珠爾墨特相機行事，鐵馬年（1750 年）十月十三日，將珠爾墨特那木扎勒誘到沖賽康後正法。此時，達賴喇嘛獲悉洛桑扎西等部分人糾集一些不法分子，準備去殺兩位駐藏大臣的消息，立即派人設法保護兩位駐藏大臣的性命。然而，那些惡行者不聽敕令，殺死了兩名駐藏大臣，殺傷一些士兵。達賴喇嘛難以忍受此暴行，遂命

---

36 《多卡哇·次仁旺傑傳》第 57-61 頁。

令各地方的所有宗谿，不得追隨珠爾墨特那木扎勒，任何人不准傳謠。同時安撫倖免軍兵、商賈共計二百人彙集布達拉宮，並通過驛站火速上奏事件詳情。

珠爾墨特那木扎勒事件發生時，多卡哇‧夏仲次仁旺傑面見達賴喇嘛，分析事件的起因。他說：「西藏全體人民未找到機會，魔鬼威力大。由於大皇帝的慈愛，兩位駐藏大臣以極大的勇氣拯救了西藏人民。」[37]這裡所反映的情況也是當時西藏大多數人的想法，幾部歷史文獻中均有反映。現在有的人懷疑《七世達賴喇嘛傳》、《多卡哇‧次仁旺傑傳》和《噶錫哇世系傳》中歷史資料的真實性，認為狂妄之徒珠爾墨特那木扎勒是「國家之豪傑，無可懷疑。」[38]這真是睜著眼睛說瞎話。

十三、達賴喇嘛奉旨親政設立噶廈機構

第十三繞迴鐵羊年（西元 1751 年）年初，乾隆帝所派處理西藏事務的四川總督策楞、阿薩罕大臣兆惠，駐藏大臣納穆扎爾等拜會達賴喇嘛。呈獻大皇帝詔書諭旨：「往昔，西藏諸官員執掌政權，不能效力持金剛達賴喇嘛，行使政令，多有不當，亦不利所有番民。自此一切政教重任皆由達賴喇嘛辦理，定會大利於黃教和西藏大政。」[39]這在當時西藏地方政府的一些有價值的文獻中都有記載，現在尚無任

---

37 《多卡哇‧次仁旺傑傳》第 67 頁。
38 《西藏政事王統》第 572 頁。
39 《七世達賴喇嘛傳》下卷，第 5-6 頁。

何爭議。但是，近代出版的《西藏政事王統》中說：「根據西藏全體僧俗大眾的要求，達賴喇嘛於鐵羊年（1751年）開始管理政教事務。」[40]這和歷史文獻所說不同。

另外，西藏地方政府公文記載：「乾隆十六年，達賴喇嘛44歲，大皇帝敕諭，達賴喇嘛執掌政教權力，委任侍從4名噶倫。是年，第七世達賴喇嘛格桑嘉措領旨執掌西藏政教權力。」大皇帝所賜金印到，按照冊封五世達賴喇嘛之例，印面刻著：「西天大善自在佛所領天下釋教普通瓦赤喇怛喇達賴喇嘛之印」。[41]

新建西藏地方政府的主要機構——噶廈時，向每位噶倫宣讀皇帝的委任狀。按照各自的能力和年齡，分別委任，三俗一僧為噶倫。從此到一九五九年，噶廈組織和一切職權持續二百餘年。

十四、欽定藏內善後章程十三條

奉大皇帝憐愛西藏民眾之旨意，擬訂十三條章程，諭告全藏僧俗人等遵行。

第一條：查照舊例，添放噶倫。

第二條：噶倫辦理事務，應在公所。具折奏事重務，務須遵旨請示達賴喇嘛並駐藏大臣酌定辦理，鈐用達賴喇嘛印信，欽差大臣關防

40　《西藏政事王統》上冊，第572頁。

41　《印鑑清冊》手抄本，第16頁。

遵行。

第三條：不得任意補放碟巴頭目等官，公同稟報達賴喇嘛並駐藏大臣酌定。

第四條：官員革除治罪，應酌定章程，請示達賴喇嘛並駐藏大臣指示遵行。

第五條：派選堪布喇嘛，應照舊例遵行。

第六條：冗員宜行沙汰。

第七條：代本應添設一員。

第八條：噶倫、代本應請頒給詔書。

第九條：藏屬人民，應禁止私占。

第十條：烏拉牌票，應稟請達賴喇嘛頒給。

第十一條：禁止私動達賴喇嘛倉庫存儲物件。

第十二條：阿里、哈拉烏蘇（那曲）等處地方，甚關緊要，應請達賴喇嘛選官遣派，賞給號紙，以資彈壓。

第十三條：達木（當雄）蒙古八旗，應遵旨安插，歸駐藏欽差大臣管轄。

上面十三條的內容是奏請乾隆皇帝，處於對衛藏僧俗群眾的幸福著想，由諸位大臣和達賴喇嘛協議，查析舊例，順應民心。因此，制定此長久制度，在西藏實施，讓全體屬民知曉，絕不准違犯。

十五、成立譯倉和僧官學校

水猴年（1752 年），六世班禪貝丹益西來到拉薩。這之前，土蛇年，班禪蒞臨拉薩，從達賴喇嘛受出家戒，學習顯密教法。師徒熱情暢談，情投意合。

牙含章編著的《達賴喇嘛傳》中記載，總督策楞和班第兩位大臣等人酌定善後章程十三條時，「向達賴喇嘛建議成立譯倉，內設四大仲譯，均為僧官。噶廈之一切政務公文，非經譯倉審核方可上情下達，以削弱和牽制噶廈的權力。又在布達拉宮設立僧官學校，培訓各寺僧人，派出各宗谿擔任宗本谿本，或在噶廈所屬各勒空（機關）中任職。」[42] 十分清楚，布達拉宮的譯倉機構建於當時，但是，噶廈的一切政務公文，非經譯倉審核不可，否則不得上情下達，這只是大臣們商定的，根本不符合權限範圍，也沒有聽說直接實施的情況。達賴喇嘛在布達拉宮設立僧官學校是在第十三繞迴木狗年（西元 1754年）。開始學校不在布達拉宮，土猴年（1788 年）五月，八世達賴時期，決定遷進布達拉宮的分支殿中。藏內善後章程十三條頒布三年後，才建立了僧官學校，實際上把大批僧官派往噶廈政府和各宗谿任職是從七世達賴時期開始的。學校除開設書法（字形）、語法課外，針對每個學員的知識水平增設了聲明、詩詞、曆算以及烏爾都和藍雜文課程。總之，七世達賴喇嘛的一生不僅弘揚發展了佛教，而且為發展藏民族的古代文化付出了心血，做出了偉大的貢獻。

---

42 《達賴喇嘛傳》漢文版，第 55 頁，藏文版，第 141-142 頁。

十六、達賴喇嘛圓寂　第穆呼圖克圖攝政

　　七世達賴喇嘛從水雞年開始身患病疾，用各種辦法治療仍不見好，大皇帝聞奏達賴喇嘛病尚未癒，甚為擔憂，著以章嘉呼圖克圖為首的北京喇嘛、僧人做法事，為達賴喇嘛祈禱，差派侍衛護送兩名醫生進藏治病。達賴喇嘛依靠藥物和涼水調治，最終還是未能治愈。第十三繞迴火牛年（西元 1757 年）二月初三日圓寂。

　　七世達賴喇嘛圓寂後，兩位駐藏大臣和幾位噶倫立即表奏皇帝。皇帝幾次降旨表示哀悼，並安排後事。按照皇帝的諭旨，委任第穆呼圖克圖為代理攝政。

　　火牛年（西元 1757 年），從第一次委任第穆德勒嘉措為代理攝政，到火狗年（西元 1886 年）任命第穆洛桑程勒為攝政，中間一百多年，西藏的代理攝政共有十人，這些人都是由清朝皇帝親自委任的。

八世達賴喇嘛強白嘉措時期

一、尋訪靈童迎請坐床

八世達賴傑增洛桑丹貝旺秋強白嘉措貝桑波，第十三繞迴土虎年（西元 1758 年）六月初八日，生於後藏夭如地區的托傑拉日崗，父親名叫索朗達結，母親名叫平措旺姆。

對於尋找達賴喇嘛轉世，乾隆皇帝非常關心、慎重。據載，鐵龍年（西元 1760 年），章嘉呼圖克圖把選認達賴喇嘛轉世化身的所有情況上奏皇上。敕諭：「已確定後藏孩童為達賴喇嘛的轉世，可請到布達拉宮附近，不准打擾，應謹慎行施，迎請坐床。」

鐵蛇年（西元 1761 年）一月，迎請化身到扎什倫布寺，由班禪大師剃度，贈名「洛桑丹貝旺秋強白嘉措」。翌年七月十日，班禪大師和攝政第穆活佛、駐藏大臣、公、噶倫等多人聚會，宣讀奉天承運文殊大皇帝金字詔書，呈獻皇帝恩賜物，迎請達賴喇嘛化身到布達拉宮坐床。

從此以後，隨著達賴喇嘛逐漸長大，兩位經師抓緊時間授教，年復一年，攝政第穆呼圖克圖、駐藏大臣、噶倫聯合掌管政權。木雞年（西元 1765 年），班禪貝丹益西蒞臨拉薩，為達賴喇嘛授沙彌戒。

火雞年（西元 1777 年），新年宴後，達賴喇嘛年已二十歲，派人去後藏迎請班禪大師授比丘戒。

二、第穆活佛圓寂，策墨林繼任攝政

火雞年（西元 1777 年）一月二十二日，代理攝政第穆諾門罕圓寂。經章嘉呼圖克圖稟奏，特派夏爾孜堪布卓尼諾門罕阿旺次程辦理政教事務，他是皇帝親自委派的第二位攝政喇嘛。

此後，七月十四日，敕封為沙布勒圖額爾德尼諾門罕，賞賜禮品。從此，諾門罕攝理政務，駐錫甘丹康薩宮，後遷居策墨林私邸，這就是第一世策墨林活佛。

關於策墨林攝政，史籍記載，他生於多麥卓尼，年輕時背著背架經巴康來藏，進入色拉寺曼扎倉鑽研佛典，後入上密院深造，成為掌握顯密兩種教法的善知識。曾奉詔進京擔任雍和宮堪布，八年後又奉旨進藏理事。策墨林活佛對涉及當時城市貧困僧俗生存的關鍵問題、即拉薩商場的食品、糌粑價格和行銷白銀作了嚴格的法律規定，做了利民的好事。

三、班禪貝丹益西進京平定三岩之亂

土狗年（西元 1779 年），六世班禪貝丹益西奉旨進京陛見。達賴喇嘛來到羊八井扎西托曼送行。

是年十月，康區發生了三岩（貢覺縣境內）人搶掠皇上賞賜達賴喇嘛的禮品事件。兩位駐藏大臣上奏皇帝，派將軍率兵進剿。清兵火燒了布爾摩碉堡，公班智達誘捕了三岩地方頭目德惹阿措，交給四川將軍處置。清兵撤回後，木嘉如巴率領藏兵，活捉盜匪頭子達果強巴及其家眷，處死了達果強巴及親眷多人，恢復了三岩人向政府納稅的義務，並且規定以後用白銀替代，不准進行無法無天的盜竊活動。

六世班禪於鐵鼠年從多麥起程進京，經蒙古地區，繼續前行。七月二十二日，班禪大師抵達熱河。於大園林行宮和文殊人主皇帝會晤。第二天，天子大皇帝駕臨須彌福壽寺看望班禪大師，祝願他長壽。皇帝向班禪大師恩賜了佛經、佛像、佛塔等無數禮品。用茶點時，諭曰：「朕七十壽辰大慶之際，班禪額爾德尼前來祝壽，對此方的佛法、眾生很有利，如今我們福田施主直接相會，可謂以前的誓願和發心之良緣，定能如願以償。」八月三日，皇帝給班禪大師賜刻有漢字「寶貝」的寶印，班禪大師接印時，章嘉喇嘛獻哈達祝賀。六日，在須彌福壽寺舉行祈願大法會，福田施主和章嘉喇嘛蒞臨法會，班禪仁波且講說祈願太平佛法盛行等。八月七日，遍知班禪大師為奉天承運的皇帝七旬壽辰的萬盛典獻禮祝福。十三日，皇帝壽辰，章嘉喇嘛和班禪大師一同叩謁大皇帝，在行宮，唸誦長壽儀軌經祝壽。此後，班禪大師前往北京。

九月九日，班禪大師和皇帝在諧趣園相見。從十二日開始的幾天中，班禪大師參觀了皇宮內的皇帝御殿和旃檀釋迦牟尼佛寺等。然後來到萬壽山乘坐大船，由章嘉喇嘛陪同參觀了香山寺，介紹了寺院的歷史和園林的奇異佈置。二十一日，在黃寺，章嘉喇嘛從遍知班禪大師聽講覺域派上師傳承祈禱、教戒等。十月三日，大皇帝在歷代皇帝舉行登基大典的保和殿會見遍知班禪大師，設宴相待。八日，在旃檀木釋迦牟尼佛像前，大皇帝和班禪仁波且、章嘉喇嘛等人共同舉行盛大的迎佛活動。二十二日，在雍和宮舉行祈願大法會。

不久，班禪大師回到黃寺駐錫地，病勢逐漸加重，請來章嘉喇嘛、侍從為他診脈。第二天，大皇帝來看望班禪大師。陰曆十一月一日傍晚，有寂頂飾佛教眾生的吉祥怙主班禪大師示寂。

四、八世達賴掌政，攝政策墨林活佛回京

第十三繞迴鐵牛年（西元 1781 年）六月一日，達賴喇嘛登上德希大經堂吉祥妙善相飾的寶座。上嘉封達賴喇嘛為政教之主，賜金印及衣服、項飾、佛經、佛像、佛塔，以及金銀、多種珠寶器皿、內庫錦緞等。水虎年（西元 1782 年），首席噶倫多仁諾云班智達因墜馬受傷。次年二月初二日，在桑珠康薩保大臣衙門宣讀聖旨，敕封丹增班覺接替班智達的噶倫職務，並襲「扎薩克」名號。

六世班禪貝丹益西的轉世、第七世洛桑丹貝尼瑪生於白朗吉雄地方，達賴喇嘛將有關尋找事宜上奏，皇帝頒發詔書照準。賞給達賴喇嘛哈達和羊脂玉器具、上等錦緞、緞袋等，同時也賞賜了班禪仁波且

的殊勝化身和額爾德尼諾門罕（攝政策墨林）二人。

這年，達賴喇嘛、攝政諾門罕，保泰大臣等人去後藏，在扎什倫布寺為班禪化身剃度，授居士戒，贈名「洛桑丹貝尼瑪秀勒南傑貝桑波」，舉行了盛大的政教儀式。

火馬年（西元 1786 年）三月，諭旨：掌印喇嘛章嘉呼圖克圖不幸圓寂，升往佛土，赤諾門罕必須回京替代掌印喇嘛。次月，赤諾門罕師徒從甘丹康薩出發進京。

五、廓爾喀軍第一次入侵西藏

關於廓爾喀兵入侵西藏的原因，木蛇年（西元 1785 年），廓爾喀王和大臣挑釁，多次上書西藏地方政府禁止流通過去摻假的章卡，西藏地方政府卻置之不理，現在西藏卻禁止純銀新章卡流通；西藏所轄的聶拉木、絨轄、吉隆三個地方過去是陽布城屬地。火羊年（西元 1787 年）六月，紅帽喇嘛的僕人噶瑪卻金為嚮導，帶領廓爾喀兵突然入侵西藏管轄的聶拉木、絨轄、吉隆等邊界地區，幾位宗本奮力抵抗，終因裝備和人數懸寡未能阻止，吉隆代理宗本熱布隆巴被敵人抓去。兩位駐藏大臣火速將廓爾喀入侵西藏的事上奏皇帝，大皇帝心懷西藏佛教及眾生，立即派遣四川成都將軍鄂輝、副都統佛智、四川提督成德等率領滿漢土屯各營官兵三千名，出兵西藏。不久，成德奉旨率領一支官兵由噶倫噶錫丹增班覺協助赴日喀則時，侵入協嘎爾的廓爾喀兵撤退。以後，廓爾喀又提出議和。鄂將軍和穆、張兩位大臣、侍郎巴忠大人等清朝官員協商，派人分別召來班禪的父親巴丹頓珠和

仲譯議定條約。由於冬季降臨，聶拉木道路被雪封蓋，冬春兩季暫按兵不動。

六、西藏和廓爾喀在吉隆議和

土雞年（西元 1789 年），雙方商量議約的地點定在吉隆。西藏方面參加議和的有噶倫噶錫丹增班覺、孜本德布巴等。廓爾喀方面參加議和的人員有廓爾喀王族巴穆薩野等，證人為紅帽喇嘛等人。在吉隆附近林間布帳篷內晝夜商談。廓爾喀一方指責西藏一段時間支持錫金人，詛咒我王；認為所占據聶拉木、絨轄、宗嘎、吉隆等地，若要歸還，每個宗谿贖金各三百秤白銀（一秤五十兩），三年還清，凡是開採金礦和鹽礦的人必須向廓爾喀繳納成十之稅，西藏不准向廓爾喀管轄的人征派工藝稅和商業稅。西藏議和代表回答說：錫金屬於西藏，廓爾喀想出兵占有，還誣賴西藏。關於新舊章卡的比價，根據環境，每個商人都有自己的意願。除此之外，對於奉天承運大皇帝的純淨庫銀，也不能強行規定一概等價。金礦和鹽礦出於西藏本土，不准魔爪伸向天堂。最後的議和內容是：新舊章卡的比價和藏尼集市的商品價格、以及領取過境稅的量額，要求進行適當的增減，盡量平衡，相互滿意。和談的主要問題是邊界幾個宗谿的贖金，西藏方面要求減少，由於差距較大，未得到議和者的同意，沒有決定下來。因此，請示欽差大臣巴忠和鄂輝將軍、成德提督等人，他們只說了「不久必須決定」的話外，贖金方面沒給明確指示。最後，「條約正本上根本沒改動，新寫的副本上說：這年，西藏向廓爾喀交黃金白銀三百秤後，

立即將廓爾喀占領的邊界宗聶拉木、吉隆等最好歸還西藏。」[43]

綜而言之，關於這次廓爾喀入侵西藏，乾隆皇帝沒有顧忌軍兵軍餉，降旨繼續抗廓。然而，派來西藏的官員們卻畏縮不前，沒有進行一次較有力的作戰，最後卻私自採取了議和的辦法，使廓爾喀和紅帽喇嘛等作惡多端的賊匪獲勝，準備第二次入侵西藏。

七、達察活佛代理攝政

鐵豬年（西元 1791 年）三月二十七日，攝政諾門罕阿旺次程因病在布達拉宮圓寂。這時，西藏的形勢極不穩定，乾隆帝委派達察活佛益西洛桑丹貝貢波（即功德林——濟嚨呼圖克圖）協助達賴喇嘛攝政。土雞年（1789 年），達察活佛在哲蚌寺聞思佛法時，乾隆帝詔諭，調他去內蒙古多倫諾爾寺任掌印喇嘛，濟嚨呼圖克圖奉旨回藏。幾天後，西寧大臣主僕二百餘人齎旨到來，諾門罕希望表奏皇帝，渴望覲見。大臣說：「不必上奏，復又回藏。」（《白晶石鏡》手抄本）據此記載，似乎達察活佛兩進內地，兩回西藏，後一次來拉薩時，如《印冊》所說：」達察濟嚨博勒圖去內地途中折回，鐵豬年八月初八日至拉薩。是年，擔任達賴喇嘛事業的施事者。」[44]

43　《噶錫哇世系傳》第 640-641 頁。
44　《印鑑清冊》第 19 頁。

八、廓爾喀毀約第二次入侵西藏

　　鐵豬年六月二十二日，廓爾喀人突然襲擊後藏我軍駐地，噶倫和代本的隨從立即和廓爾喀兵展開搏鬥，火槍聲猛烈響起。噶廈政府的侍衛、協噶爾地區的頂江布巴三人，以及噶倫、代本的侍衛數十人拚命拚殺，大批廓爾喀士兵傷亡，聶拉木雪康內外血流成河，屍體遍地。最後，噶倫二人、代本三人、少數隨從和漢族弁官（小官）王剛、陳大浦被廓爾喀兵捆綁擄往聶拉木邊境。此後，廓爾喀兵出兵協噶爾和定日並再次占領吉隆宗。班禪仁波且為了避難蒞臨前藏，廓爾喀兵立即抵達日喀則，鑽進扎什倫布寺，掠走了各種金銀珠寶和錦緞等，毀劫佛像、佛經、佛塔，盜竊瓔珞等，肆意踐踏，對後藏地區的僧俗人民進行了殘酷的蹂躪。

九、福康安奉命率大軍進藏擊退廓爾喀

　　乾隆皇帝接到報告後，於西元 1791 年（乾隆五十六年）冬，立即向西藏派嘉勇公福康安為大將軍，從全國各地調兵前後共約一萬七千餘人，開往前線。當時入藏部隊的軍火供給完全從內地運送，給養部分仰賴四川接濟，在西藏就地也採購了青稞七萬石，牛羊二萬餘。這次戰爭共由國庫支付軍費一〇五二萬兩，占當時全國稅收總數的四分之一。[45]

---

45 牙含章著《達賴喇嘛傳》漢文版，第58-59頁；藏文本，第 150-152 頁。

水鼠年（西元 1791 年）十月，福康安率領大軍抵達拉薩，會見達賴喇嘛。雙方敬獻哈達問安落坐後，達賴喇嘛道：「首先，土猴年發生騷亂，廓爾喀人做惡思勝，重新發起這次事變。現在，天命大皇帝心繫我西藏太平，派遣大臣率領萬餘天兵進藏，賜給所需費用，實為無限慈愛佛教與番民。現在，誥命大臣你順應大皇帝之心，將此蔽日外道賊兵徹底驅逐，我小喇嘛亦將此事當作佛教之大事，從庫中支付所需軍糧、白銀等。」[46]

十、漢藏兩軍聯合作戰，廓爾喀俯首投降

水鼠年（西元 1792 年），鄂輝將軍和成德提督率領西藏的清兵和嘉絨的少數民族兵丁，用火轟燒斃侵占聶拉木的全部廓爾喀兵。同時，總兵嘉勇公大學士福康安和驍勇內侍郎巴圖爾超勇公海蘭察、四川總督惠齡等帶領漢、蒙、滿等族的主力從日喀則經宗喀、濟嚨（吉隆）直向廓爾喀腹地進攻，派成德帶兵一直向聶拉木進攻，作為配合。西元一七九二年四月，福康安率大軍自定日進兵，五月初七日攻春擦木，接著收復濟嚨、聶拉木，攻克木薩橋，並捉到廓爾喀大頭目咱瑪達阿爾曾薩野。至此廓爾喀人所占領的西藏地方全部收復，侵入西藏的廓爾喀人被全部驅逐出境，清軍已抵廓爾喀邊界。於是廓爾喀王拉納·巴哈都爾放回了從前俘虜過去的漢兵王剛、宗本塘邁，並帶回了一封要求講和的信，福康安回信拒絕講和，並下令大軍乘勝前

---

46 《八世達賴喇嘛傳》第 203-204 頁。

進。[47]

　　清軍攻抵加德滿都附近時，已屆深秋，乾隆帝指示福康安：即可趁其畏懼哀懇，傳旨允准，將其緊要頭人帶回進京瞻覲，具表納貢，雖係下策，但為氣候所限，亦不得不如此辦理。西元一七九二年（清乾隆五十七年）八月二十八日，福康安接受了廓爾喀國王的投降，停止進兵。九月初四日，清軍全部由廓爾喀境內撤出，退回濟嚨。

十一、福康安勝利班師

　　福康安勝利回到拉薩時，八世達賴喇嘛親自迎接。緊著，首先懲辦禍首，廢止沙瑪爾巴轉世，其金銀、田莊、牛羊、百姓完全充公，每年收入作為藏軍兵餉，寺院房屋賞給掌辦商上事務的濟嚨呼圖克圖，寺中原有紅帽喇嘛一〇三人，一律強迫改奉黃教，撥給三大寺管制。六世班禪之兄仲巴呼圖克圖「不思率兵保護廟宇，先期逃遁其罪甚重」，乾隆帝下令將其解赴北京治罪。濟仲喇嘛託詞占卜，不可抵抗，即令將其拿到前藏，當眾剝黃正法。[48]（羊八井）寺院僧舍劃歸濟嚨呼圖克圖，僧人歸三大寺管理，紅帽巴的羊八井寺改宗格魯派。

---

47 《達賴喇嘛傳》漢文本，第 59 頁；藏文本，第 152-154 頁。
48 牙含章《達賴喇嘛傳》漢文本，第 60 頁；藏文本，第 157-158 頁。

十二、清朝政府制定《欽定藏內善後章程》二十九條

廓爾喀戰爭後，乾隆帝指示福康安等人「將來撤兵後，必當妥立章程，以期永遠遵循。」[49]八世達賴強白嘉措也表示：「將來立定章程，惟有同駐藏大臣督率噶倫及番眾等敬謹遵照，事事實力奉行，自必於藏地大有裨益，我亦受益無窮。」[50]下面是我們從原西藏地方政府檔案冊《水牛年奏摺》中引出的《欽定藏內善後章程》二十九條內容：

（一）大皇帝特賜一金瓶，今後遇到尋認靈童時用滿、漢、藏三種文字寫於簽牌上，放進瓶內，由呼圖克圖和駐藏大臣在大昭寺釋迦佛像前正式掣簽認定。

（二）今後鄰近各國來西藏的旅客和商人，或達賴喇嘛派往域外人員，須由該管主腦呈報駐藏大臣衙門簽發路證，並在江孜和定日兩地方新派官兵檢驗。

（三）鑄造「乾隆寶藏」字樣金幣，邊緣鑄年號，背面鑄藏文。駐藏大臣派漢官會同噶倫對所鑄造之章卡進行檢查，以求質量純真。

（四）設三千名正規軍隊：前後藏各駐一千名，江孜駐五百名，定日駐五百名，前藏代本由駐拉薩游擊統轄，日喀則、江孜、定日各地代本，由日喀則都司統轄。

---

49 牙含章《達賴喇嘛傳》漢文本，第 61 頁，藏文本，第 158 頁。
50 牙含章《達賴喇嘛傳》漢文本，第 62 頁。

（五）關於軍隊編制，代本下設甲本、如本和定本等，由駐藏大臣和達賴喇嘛挑選年輕有為者充任，並發給執照。

（六）今後徵調兵丁，每年每人應發糧食二石五斗，總共為七千五百石。受徵調的兵員，由達賴喇嘛發給減免差役的執照。

（七）關於軍隊裝備，十分之五用火槍，十分之三用弓箭，十分之二用刀矛。各兵丁要經常操演。

（八）達賴喇嘛和班禪額爾德尼的收入及開支，駐藏大臣每年春秋兩次進行審核。

（九）吉隆、絨夏、聶拉木等地方免去兩年一切大小差徭，宗喀、定日、喀達、從堆等地方各免去一年的差徭。免去前後藏所有人民鐵豬年以前所欠的一切稅收。

（十）駐藏大臣督辦藏內事務，應與達賴喇嘛、班禪額爾德尼平等，共同協商處理政事，所有噶倫以下的首腦及辦事人員以至活佛，皆是隸屬關係，無論大小都得服從駐藏大臣。

（十一）噶倫缺補時，從代本、孜本、強佐中考察個人政績，由駐藏大臣和達賴喇嘛共同提出兩個名單，呈報大皇帝選擇任命。其餘人員可由駐藏大臣和達賴喇嘛委任，並發給滿、漢、藏三種文字的執照。札什倫布的工作人員，由班禪額爾德尼和駐藏大臣協商委任。

（十二）達賴喇嘛和班禪額爾德尼在世時，其親屬人員不准參預政事。

（十三）駐藏大臣每年分春秋兩季出巡前後藏各地和檢閱軍隊。

各地漢官和宗本等，如有欺壓和剝削人民事情，予以查究。

（十四）今後廓爾喀、不丹、錫金等藩屬之回文，必須按照駐藏大臣指示繕寫。關於邊界的重大事務，更要根據駐藏大臣的指示處理。外方所獻的貢物，也須請駐藏大臣查閱。所有噶倫都不得私自向外方藩屬通信。

（十五）西藏的吉隆、聶拉木等地區和廓爾喀疆土相連，又為交通要道，須樹立界碑，限制互相出入。

（十六）今後邊宗谿宗本均由小宗谿宗本及軍隊頭目中選派，任滿三年後考查成績，如果辦理妥善升用，否則革退。

（十七）普通士兵有戰鬥能力者，雖非貴族亦得升任定本甚至逐級升至代本。

（十八）堪布應選學問淵博、品德良好者充任之。其人選由達賴喇嘛、駐藏大臣及濟嚨呼圖克圖等協商決定，並發給加蓋以上 3 人印章的執照。

（十九）政府稅收，照所定新舊章卡兌換之數折收。公平採買各物。

（二十）吉隆、聶拉木兩地方抽收大米、食鹽等稅，除非請示駐藏大臣同意，不得私自增加稅額。

（二十一）今後所有免役執照一律收回，所有差役平均負擔。其因實有勞績，需要優待者，由達賴喇嘛和駐藏大臣協商發給免役執照。

（二十二）達賴喇嘛所轄寺廟之活佛及喇嘛，一律詳造名冊，於駐藏大臣衙門和達賴喇嘛處各存一份，以便檢查。

（二十三）青海蒙古王公前來迎請西藏活佛，須由西寧大臣行文駐藏大臣，由駐藏大臣發給通行護照，並行文西寧大臣，以便查訪。

（二十四）各活佛頭目等因私外出時，一律不得派用烏拉；因公外出時，由駐藏大臣和達賴喇嘛發給執票派用烏拉。

（二十五）對犯人所罰款項、沒收財產，必須登記，呈繳駐藏大臣衙門。無論公私人員如有訴訟事務，均須依法公平處理。

（二十六）每年操演軍隊所需用之彈藥，由噶廈派妥員攜帶駐藏大臣衙門之公文，前去工布地方製造。

（二十七）所有卸任之噶倫及代本，應將公館及莊園移交新任，不得據為私有。

（二十八）不得提前發給活佛及喇嘛之俸銀。

（二十九）派人催繳賦稅，應按規定期限辦理。各村逃亡戶之賦稅負擔應予減免。

十三、《欽定藏內善後章程》二十九條實施範例

關於如何實施二十九條章程的問題，以最為重要的如何實施尋訪達賴、班禪為主的各活佛轉世靈童的條例為例，接到皇帝關於必須實

行金瓶掣簽的詔書後不久，八世達賴喇嘛頒布全藏《水牛年公文》，[51] 從此開始實施金瓶掣簽法。如：第十世達賴楚臣嘉措、十一世達賴克珠嘉措和十二世達賴赤列嘉措等，均由駐藏大臣親自金瓶掣簽，決定靈童。九世達賴隆朵嘉措和十三世達賴土登嘉措因生相奇特，沒有出現有爭執的其他人選，經過駐藏大臣的認真研究表奏大皇帝，免於金瓶掣定。八世班禪額爾德尼丹貝旺秋和九世班禪曲傑尼瑪等大喇嘛也是通過金瓶抽籤確定的。

在建立藏軍、外聯事務、委任辭退官員、職權等重大制度方面，從第十五繞迴鐵豬年（西元 1911 年），基本上實施二十九條章程，這些在原西藏地方政府的歷次檔案中均有依據。

關於印製藏幣問題，廓爾喀誣衊西藏流通的尼泊爾舊章卡和廓爾喀新章卡差價很大。因此，開始鑄造銀幣。水牛年（西元 1793 年），鑄造刻有「乾隆寶藏」章卡銀。從此，歷代清朝皇帝時期，逐漸鑄造發行了有「嘉慶寶藏」、「道光寶藏」、「宣統寶藏」等字樣的藏幣，和白銀相同。[52]

「噶廈印冊」中經常有關於頂子、職位等級和升遷、年限、替換、名冊的記載，由於原本破損，西元一八四二年，新編冊子，內言：根據其成績，額外獎賞。駐藏大臣共同傳令，全部接受，認真分析，不失任何所需詞義。

---

51 《水牛年奏摺》第 08-10 頁。
52 《西藏地方貨幣簡史》第 14-20 頁。

十四、建功德林寺和關羽廟，乾隆皇帝肖像 供於布達拉宮

酌定西藏章程方面，最早的倡導者是福康安，他在拉薩只待了三、四個月。

福康安回內地前，參加這次戰爭的漢、滿、蒙等民族官兵捐資準備在拉薩的磨盤山建漢藏式廟宇，於水鼠年動工興建，建造了位於山上的三莊嚴文殊廟和漢地戰神關羽（公）廟以及山下的功德林寺。土馬年（西元 1798 年），八世達賴喇嘛在布達拉宮三界殊勝寢殿特設室供奉乾隆肖像。次年，乾隆帝駕崩。達賴喇嘛蒞臨肖像前叩拜，然後至法會。兩位駐藏大臣、加果齊、噶倫、代本等漢藏官員身著白衣至肖像前叩拜。一切儀式結束後，上表嘉慶皇帝，安慰不要過度悲傷，表奏了誦經超薦情況，請求允准堪布進京弔唁。

十五、八世達賴喇嘛圓寂，達察奉旨代理攝政

木鼠年七月十八日亥時，達賴喇嘛圓寂。木牛年（1805 年），「皇帝法王授權貢波（達察丹貝貢波）為達賴代表，攝理政教事務，頒發詔書，特派黃大人齎送。諭旨曰：達賴喇嘛是一切佛教之主宰。現其莊嚴身於法界示寂，朕甚惋惜。你應依達賴喇嘛在世時的規矩辦理，凡事與大臣協商，依法辦理。據載，這次，皇帝將由駐藏大臣或理藩院收存的大銀印從北京授賜達察活佛，成為歷任西藏代理攝政權力的象徵。

九世達賴喇嘛隆朵嘉措

一、尋訪和坐床

第九世達賴喇嘛隆朵嘉措，第十三繞迥木牛年（西元 1805 年）十二月初二日，生於四川省甘孜金沙江邊的鄧柯地方，系西康鄧柯地方圖丹群科寺附近土司之子，父名丹增曲窘，母名頓珠卓瑪。

幼年經班禪大師、攝政達察諾門罕、兩位駐藏大臣、第穆活佛等大小呼圖克圖和噶倫查驗靈童，辨認無誤後，駐藏大臣當著全體喇嘛和官員的面繕寫摺子，從布達拉宮上奏皇帝。

第十四繞迥土龍年（西元 1808 年）一月十九日，皇帝頒旨：無須於金瓶掣簽，令其作為達賴喇嘛呼畢勒罕。不久，班禪丹貝尼瑪為靈童剃度，贈名：洛桑丹貝窘乃阿旺隆朵嘉措。

是年九月，達賴喇嘛離開蔡貢塘寺，照例來到布達拉宮日光殿。二十二日，在布達拉宮坐床。

二、第穆活佛代理攝政，達賴喇嘛圓寂

達察諾門罕丹貝貢波因病於鐵馬年（西元 1810 年）十二月三十日，在功德林邸所示寂，即奏皇帝。鐵羊年三月（西元 1811 年）頒旨，委任第穆呼圖克圖圖旦晉邁嘉措為代理攝政。

第穆活佛攝政後，積極處理地方政府事務。他認為甘丹頗章的政教事務是佛教的根基，只能日臻發展興旺，誠心服務於福田施主。因此在私邸和政府之間經濟關係方面做了調整。

在此前後，和西藏毗鄰的廓爾喀、錫金（哲孟雄）兩國發生爭端，各向駐藏大臣致信求援，未被允諾，兩國即而轉變傾向英帝國，請求英人幫助。所以，英帝國主義開始了侵略擴張，據此可以窺見西藏的外事是由清朝中央政府和駐藏大臣管理的。

木狗年（西元 1814 年），根據水牛年《欽定藏內善後章程》二十九條中第二十二條規定的「大小寺院的喇嘛、僧人須登記造冊」的條例，完成了西藏、康區和內蒙的喇嘛活佛的名冊登記，再次和駐藏大臣的漢文名冊詳加對照，增補抄寫名冊。

九世達賴喇嘛雖然年幼，卻勤奮好學，掌握了大部分主要法行。於第十四繞迥木豬年（西元 1815 年）一月，突患食道疾病，二月十四日圓寂。

十世達賴喇嘛楚臣嘉措時期

一、認定轉世靈童，第穆和策墨林相繼攝政

十世達賴喇嘛楚臣嘉措，藏曆第十四繞迥的火鼠年（西元 1816 年）三月二十九日出生在理塘，父名羅桑年扎，母名南傑布赤。其身、語、意的若干奇特靈異，事如太陽，向眾人顯示出來，色拉、哲蚌、甘丹三大寺、拉薩上下密院的堪布一致同意請求按以前火兔年（1807 年）認定九世達賴喇嘛之例，免予金瓶掣簽。通過兩位駐藏大臣向文殊皇帝法王上奏，特請恩准。第穆諾門罕土兔年三月三日在丹吉林法苑去世，因當時達賴喇嘛的轉世尚未認定，安班玉（麟）、珂（什克）二人即將（攝政）印封存，收取鑰匙。在接到聖旨後，當年的八月十二日，薩瑪第巴克什活佛阿旺堅白楚臣嘉措就任攝政之職。旨：今理塘所報幼孩，其所述靈異何足徵信？若遽聽其言，與從前指定一人者何異？玉麟等不嚴行駁飭，實為錯誤，著傳旨中飭。此幼孩作為入瓶掣簽之一。俟續有報者，再得其二，方可將三人之名一同緘封入瓶，照定製當眾諷經掣簽。

藏曆第十四繞迴水馬年（1822 年）正月十五日，班禪大師及兩位駐藏大臣等藏漢官員、喇嘛會齊後，掣出確定理塘出生幼兒為靈童。由於金瓶掣籤的結果與大眾的願望相符，真實無欺地完成了掣籤認定，所以眾人都極為歡樂和崇信。

接著，在當月（1822 年正月）的十八日，由班禪大師為靈童剃度，並傳授了近事戒，為他起名為阿旺洛桑堅白楚臣嘉措。二月十三日，班禪大師又為靈童傳授了出家戒。

二、鐵虎清冊的編寫，用兵波密，十世達賴喇嘛圓寂

藏曆第十四繞迴鐵虎年（西元 1830 年）九月二十日，按照以前由漢藏官員會同發布的命令，為平均屬下差民的差稅負擔進行清查戶口、土地。在以前西藏地方政府的管轄區域內，除了少數地區後來重新進行過清查，重寫清冊外，其他廣大地區的土地的占有、差稅烏拉的支應、減免或維持原狀，都是以《鐵虎清冊》的登記作為根本依據。因此，這次是最大的一次普遍的清查。西藏民主改革前的一二九年間，政府、貴族和寺院三大領主都以它作為占有土地和農奴、派差收租的基礎，因此它是研究舊西藏生產資料占有制度的重要史料文獻。這份還蓋有當時的駐藏大臣印章的鐵虎清冊原本，至今仍完整地收藏在西藏自治區的檔案館裡。

藏曆第十四繞迴火猴年（西元 1836 年），因波窩（波密）的噶朗第巴不照以前的例規按時向西藏地方政府交納差稅，且憑藉地勢險

要，倚勢稱雄，因此西藏地方政府派噶倫夏扎・頓珠多吉領兵前去征討。很快平息了事端。

藏曆第十四繞迥火雞年（西元 1837 年）七月二十日起，達賴喇嘛楚臣嘉措身體略感不適，九月一日，在布達拉宮寢殿的坐椅上，以彌勒佛的坐姿，面帶微笑圓寂。

第七節
十一世達賴喇嘛克珠嘉措時期

一、認定轉世靈童，阿里森巴戰爭

　　十一世達賴喇嘛克珠嘉措於西元一八三八年即藏曆第十四繞迴的土狗年九月一日出生在康區木雅泰寧寺附近。當時找到的三名靈童，以他出生時的徵兆最為靈異，故而名聲最大。因此尋找靈童的官員在向拉薩報告的同時，也向皇帝做了奏報，並把他作為靈童之一，迎請到泰寧南傑林（即泰寧寺）暫居住。

　　西元一八四一年即藏曆第十四繞迴的鐵牛年，三名幼童被迎請到拉薩。泰寧靈童在二月裡動身，並於當年五月到了拉薩附近的德慶桑阿咯寺。班禪大師、攝政諾們罕、駐藏大臣、三大寺高僧以及噶倫等官員貴族都前往會見，並將歷輩達賴嘛供奉過的本尊佛像和用過的物品與相似的物件混雜在一起讓靈童辨認，進行仔細考察，靈童都準確無誤地認出了前輩的物品。

　　當年五月二十日，按清朝皇帝的旨在布達拉宮舉行了金瓶掣簽。

結果泰寧出生的靈童被抽中。六月四日，班禪大師為靈童剃髮，起名為阿旺格桑丹貝准美克珠嘉措貝桑布。皇帝特頒給靈童的詔書、長壽法衣、全套金剛鈴杵、珊瑚串珠等。在宣讀皇帝的聖旨時，靈童沉靜大方，表現出喜悅的神態。

西元一八四二年即藏曆第十四繞迴的水虎年四月十四日，十一世達賴喇嘛動身前往布達拉宮。清廷特派欽差為代表，與僧俗官員等按例排列儀仗馬隊為前導，儀式頗為隆重。次日上午，達賴喇嘛抵達布達拉宮，舉行坐床典禮。當時，「達賴喇嘛到達司喜平措殿，並於坐墊上面向東方下跪，行禮搬受皇帝所賜禮品並聆聽宣讀詔書，接著與駐藏大臣等互獻哈達。然後達賴喇嘛登上黃金寶座……」[53]

早在西元一八三四年即藏曆第十四繞迴的木馬車，森巴軍就大舉進攻拉達克。當時負責守護拉達克邊界的噶本薩普扎西旺秋父子等與森巴軍隊進行了英勇的戰鬥，但是由於武器裝備差而失敗，結果拉達克全境都被森巴軍占領，每年需向古拉屋森交納九千個銀幣。

五年後，森巴將軍哇阿爾蘇羅瓦爾又領兵到拉達克，另立拉達克王，組成森巴和拉達克聯軍進犯阿里。聯軍從北路首先攻破日土，當時阿里僅有士兵五百名，授兵未能趕到，而告失守。在森巴和拉達克聯軍開始進攻阿里時，阿里噶本就派人向拉薩方面報告，西藏地方政府即派後藏代本壁喜哇和前藏代本索康巴·塔林才旦率兵馳援。在普蘭達拉喀，他們殺死了據守城堡的五十名森巴軍後，占領了城堡。但是，由於武器裝備差，藏軍未能擴大戰果。西藏再次徵調兵員，並任

---

53 《十一世達賴喇嘛傳——天界樂聲》第 19 頁。

命噶倫才旦多吉為統帥，儘快開赴阿里。此時哇雜爾蘇羅瓦爾集中優勢兵力向普蘭達拉喀城堡發起了進攻。城堡中的西藏軍憑險固守，寸土不讓。時值寒冬，天降大雪，森巴軍不耐嚴寒，行動困難。西藏軍隊乘機反攻，取得了較大勝利。一日，藏軍衝出城堡，殺入森巴軍營。在雙方混戰中，哇雜爾垂死掙扎，十分凶狠，藏軍將領米瑪認出他就是匪酋，於是捨生忘死，衝向前去，一矛刺中其胸膛，森巴軍失去指揮，大敗而去。

此後，西元一八四二年即藏曆第十四繞迴水虎年，克什米爾國王古拉屋森又派出八千兵馬進犯西藏。藏軍進行了英勇的抵抗。一次，藏軍紮營於低窪處，被森巴乘機引水灌淹。西藏將領璧喜哇、索康及兵士五十餘人被俘。最後西藏和森巴之間進行了談判，規定西藏和拉達克間仍維持舊有邊各守本土，並按照舊例西藏每年派政府商隊到拉達克。拉達克每年派人到藏獻供經商，拉達克商人可到噶爾、日土等地貿易。同樣，西藏的商人也可以到拉達克貿易，雙方維持以往的信任關係。

戰後，達賴喇嘛設宴款待了在反擊森巴侵略中的有功將領，清廷也給予他們獎勵，一些人還被提升。

十一世達賴喇嘛時期，由於八世達賴喇嘛時期寫成的有關西藏職官的文書已經過大約半個世紀，破損嚴重，又無旁註說明等，因此西元一八四二年即藏曆第十四繞迴水虎年，噶廈以舊本為基礎重新編寫了一份文書。這份文書記載了西藏地方政府的機構、職官及其品級等。一些官員的品級等後來有一些增減，但是主要的機構、宗谿官員品級等經過一六〇餘年一直保持到西藏民主改革之時。布達拉宮內部

的機構和僧官品級等的「噶廈文書」中雖然沒有記載，但是從一八四五年即藏曆第十四繞迴的木蛇年起就寫造成了清岫。當時，西藏地方政府的內外機構、各級僧俗官員的官職、職權、品級等都是按清王朝批準確定的制度執行。這期間，西藏地方政府的噶倫、基巧堪布、代本等高級官員的任免都是由駐藏大臣與達賴喇嘛商議後，向皇帝奏報，請求批准的。這是經過核查官員的功績後，奏請提升官階或賜給爵位。布達拉宮的仲譯欽莫等官員須將擬任者引見駐藏大臣看驗後才能任命，這些都可以從文書中清楚地看到。但是夏格巴卻說：「那個時期，滿州安班的主要工作是對西藏的官員和寺廟進行頌揚表彰和贈送匾額，並向中國報告西藏的情況此外沒有別的任何工作。」[54]這顯然是違背歷史事實的。

二、攝政策墨林撤職，七世班禪和熱振活佛相繼攝政

西元一八四四年即藏曆第十四繞迴木龍年七月，攝政策墨林諾門罕在任攝政二十五年後被道光皇帝免去攝政職務，將他解送內地，並查抄沒收其拉章的財產。

當時，清朝皇帝允准駐藏大臣琦善的奏請，令班禪額爾德尼提任攝政。他從當年（木龍年）的八月六日起，到木蛇年四月二十六日提任攝政八個半月，攝政的印章一併交付給他。班禪額爾德尼到拉薩

---

54 夏格巴 旺秋德丹：《西藏政治史》，藏文版，上冊，第 679 頁。

後，在布達拉宮大殿為皇帝的生辰舉行祈禱法事。在布達拉宮會見達賴喇嘛時，班禪大師一再表示自己教證功德很低，又年老有病，難以承擔政教事務和重任，只是大皇帝的詔命不能違背，因此願盡力任職數月，希望不久能返回後藏。

當時，卸任攝政策墨林活佛被監禁在法苑。一日，他所在的色拉寺麥扎倉僧人湧入策墨林拉章，毆打噶倫索康等官員，並將策墨林活佛帶回色拉寺。「當年十二月，駐藏大臣調集漢藏官兵，準備攻打色拉寺麥扎倉。駐藏大臣到班禪大師處請求說：『皇上的臣民如此抗旨不遵，任意妄為，若放任不管，不符合教法及朝廷王法，因此我要動員軍兵，攻破色拉寺麥扎倉。駐藏大臣印章，請班禪大師暫時收執。』班禪大師不忍傷及生靈，立即召集基巧堪布等主要官員和色拉、哲蚌、甘丹三大寺的上師的執事僧人等，以善巧方便勸說中堂不要用兵，中堂聽從了班禪大師等人的意見，使局勢保持了平靜。」[55]由於班禪大師只願專心從事佛法修習，遂由駐藏大臣向皇帝上奏，皇帝降旨准予班禪額爾德尼將攝政關防交給熱振呼圖克圖，返回後藏。《十一世達賴喇嘛傳》中也記載說，西元一八四五年木蛇年四月二十六日，熱振活佛遵旨接受攝政官印，掌管西藏事務。[56]但是夏格巴在其書中卻硬說班禪大師和熱振活佛先後提任攝政是西藏大會自行任命的。

西元一八四六年即藏曆第十四繞迥的火馬年，由班禪大師丹貝尼瑪任親教師（堪布），於藏曆四月七日在拉薩大昭寺的覺臥釋迦牟尼

55 《印鑑記——盲人嚮導》第 25 頁。
56 《十一世達賴喇嘛傳——天界樂聲》，第 62 頁。

像前按照慣例給達賴喇嘛克珠嘉措傳授了出家戒。

當時，江孜白朗一帶的政府差民，因為受差稅、烏拉、高利貸的重壓，大多數人陷於貧困悲慘的境地，無力承擔差稅，因此西藏地方政府專門派遣官員到該地區進行清查，對貧苦的政府差民實行由貴族、寺院屬民「牛項帶犢」的辦法，平均搭配差稅負擔，對豪強隱瞞的土地，也徵收差稅，使差稅不均的問題基本得到解決，次年新編了被稱為「火羊年清冊」的該地區派差徵稅的文書，直到西藏民主改革時（1959 年）該文書仍被作為土地人口差稅底冊。

一八四六年前後，康區察雅寺院的大小活佛之間發生矛盾，爆發戰亂。西藏地方政府先後派人到察雅好言勸解，幾經周折，雙方始同意商談。最終規定沒有明確分界之處維持原狀，事情才暫時得到解決。到一八五二年即藏曆水鼠年，西藏察雅地區再次發生衝突，據說，「乍丫小喇嘛因挾夙嫌，糾眾多人將諾門罕屬下大小頭目斃人，並搶焚敕書印信，寺廟財物，搶劫驛站塘兵馬匹，致使西藏與內地交通斷絕，郵路不通。與此同時，中瞻對（在西康東部）地區也發生類似事件，駐藏大臣和噶廈委派噶倫才丹、昌都倉儲巴、乍丫守備等人前往乍丫『剿辦』，中瞻對由四川方面出兵『痛剿』，經過一年多時間，才把兩處衝突暫時鎮壓下去。」[57]西元一八五五年即藏曆水牛年八月八日，清皇帝對處理察雅事件有功人員給予了獎勵，並加官晉級。

西元一八四八年藏曆土猴年八月「十三日，大皇帝加恩賜給達賴

---

57 牙含章：《達賴喇嘛傳》，藏文版。青海人民出版社，第 206-207 頁。

喇嘛之父寶石頂戴和雙眼花翎。傳旨時，駐藏大臣向達賴喇嘛獻了哈達，達賴喇嘛對駐藏大臣致謝問好並贈給禮品。」[58]西元一八四九年即藏曆土雞年，達賴喇嘛為任命新的基巧堪布，「寫成文書給駐藏大臣，駐藏大臣向大皇帝作了奏報，在批准的聖旨於四月一日送到後，駐藏大臣專門派遣通事來說明情形，達賴喇嘛命人問候駐藏大臣並對通事給予賞賜。」[59]這事說明達賴喇嘛任命基巧布等官員，要經過駐藏大臣向皇帝奏請，允准後方能任職。

西元一八五〇年即藏曆鐵狗年，清朝道光皇帝去世。次年，咸豐皇帝即位。道光咸豐年間，內地接連發生了鴉片戰爭和太平天國革命戰爭，清王朝的統治在全國範圍發生了動搖，西藏不用說也受到了時局變化的影響。當時，西藏一些邊遠地區由於英國人的挑唆，先後發生了大小不等的動亂。西藏地方政府較為妥善地處理了這些事件，有功人員受到了清廷的賞賜。

三、十一世達賴喇嘛親政和圓寂，廓爾喀入侵西藏的戰爭

西元一八五三年即藏曆水牛年，七世班禪丹貝尼瑪圓寂，享年七十歲。西藏舉行了盛大的超薦祈願法事。西元一八五四年即藏曆木虎年八月。「由駐藏大臣諄（齡）驗看準備升任基巧堪布的候選人近

---

58 《十一世紀達賴喇嘛傳——天界樂聲》，第 109 頁。
59 同上，第 117 頁。

侍索本堪本、近侍甲拉堪布二人」。接著「十七日宣佈任命近侍索本堪布阿旺丹達繼任基巧堪布」。[60]按這段記載,當時布達拉宮重要官員的任命,是先由達賴喇嘛提出兩名候選人,由駐藏大臣驗看候選人後,再與達賴喇嘛商議確定任命的人員。隨後,才由駐藏大臣向皇帝奏報,獲得允准後始舉行就職儀式。當年「整修桑耶寺佛殿的工程竣工,天命大皇帝頒賜了御書廟額『宗乘不二』四個大字。」[61]鎦金銅字的匾額是在西藏製造成的。

西元一八五五年即藏曆第十四繞迴的木兔年,十一世紀達賴喇嘛承擔起西藏政教事業的重任。《十一世紀達賴喇嘛傳》中記載說:「文殊大皇帝降旨賜給天人導師達賴喇嘛執掌起雪域政教事業的黃金千福輪,成為三界眾生的上師的珍寶的詔書和印鑑,並准許為政教事務使用以前的達賴喇嘛的印鑑,將皇帝所賜的詔書和印章、金冊、金印迎請其上,並陳列各種供品,預先佈置好宴席。當太陽出山之時,奏響第三遍樂,此時布達拉宮、大昭寺、雪村各寺廟、拉薩各家居民都一齊敲鼓吹法螺、揮旗旛、煨桑薰香,並在布達拉宮德陽廈表演歌舞。此時達賴喇嘛來到日光殿,登上大法座。」[62]僧俗官員等向他敬獻了哈達和禮品。儘管有這樣清楚的記載,但是,夏格巴卻說:「達賴喇嘛圓滿完成聞思,又年屆十七,根據西藏全體天人的願望,於木兔年(西元 1855 年)一月十三日親政。」[63]把年屆十七歲說成是達賴喇嘛親政的原因,實際上以前的達賴喇嘛誰也沒有在十七歲時親政。本

---

60 《十一世紀達賴喇嘛傳——天界樂聲》,第 245 頁。

61 同第 246 頁。

62 同上,第 252 頁。

63 夏格巴·旺秋德丹:《西藏政治史》,藏文版,下冊第 2 頁。

年，八世班禪丹貝旺秋誕生。

同年，廓爾喀人再次入侵西藏。當時，英帝國主義利用中國內地正值內外戰亂，清王朝力量衰落之機，挑唆廓爾喀國王，從西元一八四二年起多次致函駐藏大臣，提出無理要求，均遭拒絕。於是，木兔年年初，廓爾喀派人到吉隆，煽動百姓，企圖強占該地。西藏即派藏漢官員以到定日查辦案件為名進行鎮攝和準備。隨後，廓爾喀人又藉口西藏官員在邊界地區多收廓爾喀商人稅米，阻擋其商人，並有殺傷搶劫等案件，違背水鼠年時立下的「永不侵藏」的誓約，派兵侵入西藏，先後占據了吉隆、聶拉木、宗噶等地。駐藏大臣赫特賀親自到協噶爾會見了廓爾喀的官員，提出由西藏方面賠償廓爾喀漢銀一萬五千兩後，雙方罷兵。廓爾喀方面拒不接受，並繼續增兵，又占據阿里地區的普蘭宗和後藏地區的絨轄地方。噶倫才旦奉命率軍反擊廓爾喀人，殺死廓爾喀軍數百人，將帕嘉嶺的廓營平毀。接著又收復聶拉木，兵圍宗噶。接著，他又親自率兵攻打絨轄，使戰事稍有好轉。

廓爾喀軍遭到這次失敗後，又調集七千軍隊增援，再次占據聶拉木。當時，太平天國革命正在進行，清朝政府無暇西顧，只是由駐藏大臣從前藏抽調漢藏兵二千人前往增援，一面向皇帝奏請，請四川總督派兵入藏支援，終因相距遙遠，未能奏效。不過廓爾喀人聽說前後藏和康區正在抽調成千上萬的民兵，三大寺的大批僧兵也將前來，心有餘悸；加之時值深秋，寒冬將至，因此同意會談。

是年，達賴喇嘛身體感到不適。駐藏大臣曾專門前去探望達賴喇嘛的病情。達賴喇嘛單獨會見了駐藏大臣，並詳細講了自己的病情。

西元一八五五年即藏曆木兔年十二月二十五日，達賴喇嘛圓寂，

年僅十八歲。二十六日起，熱振呼圖克圖繼續承擔攝政的職責，為達賴喇嘛進行了超度和獻祭的法事活動，並祈禱其儘快轉世。

這期間，西藏方面派到尼泊爾去的代表與廓爾喀王室進行了連日的和談，最後不得不與廓爾喀訂立了一個不平等的條約，條約的主要內容是：

（一）西藏方面每年付給廓爾喀王室一萬盧比。

（二）廓爾喀與西藏均尊奉大皇帝，西藏為佛教聖地，若有外國攻擊之時，廓爾喀政府應予援助。

（三）此後對廓爾喀人，不准徵收貿易、過境等稅。

（四）西藏方面將俘獲之廓爾喀官兵、婦女及槍炮等交還廓爾喀王室。廓爾喀王室亦將俘虜的西藏的士兵及武器、犛牛等全部交還西藏。和約簽訂後，廓爾喀軍即從所占之地撤回。

（五）以後由廓爾喀王室任命拉薩的廓爾喀人的頭人和官員。

（六）廓爾喀商人得在拉薩開設商店，並自由交易。

（七）西藏政府不得審訊寓居拉薩的廓爾喀百姓商人之案件。若廓爾喀和西藏的百姓間發生糾紛，由雙方的官員會同審理，西藏百姓的罰款由西藏官員收取，廓爾喀人的罰款由廓爾喀代表收取。

（八）廓爾喀犯人逃入西藏，西藏應引渡於廓爾喀，西藏犯人逃入廓爾喀，由廓爾喀引渡給西藏。

（九）若西藏百姓搶劫廓爾喀百姓的財物，由西藏官員查清百姓

財物的主人，或限定期退還。若廓爾喀人搶劫西藏百姓，由廓爾喀官員查清退還或限定日期退還。

（十）此次戰爭中西藏百姓幫助廓爾喀王室及廓爾喀百姓幫助西藏方面者，在和約訂立後，對彼等的財產等均不得加以損害。[64]

和約簽訂後，這場戰爭始告結束。從此，拉薩多了個被稱為「格烏丹」的尼泊爾代表處，西藏地方政府也設立了稱為「廓細勒空」的機構辦理對尼泊爾事務。這個條約是完全不合理的，但是直到和平解放前的百餘年間，西藏一直吞嚥著這一苦果。

_____

64 牙含章：《達賴喇嘛傳》，青海人民出版社，藏文版，第 210-212 頁。

十二世達賴喇嘛赤列嘉措時期

一、尋訪、認定和坐床

　　十二世達賴喇嘛赤烈嘉措於西元一八五六年即藏曆第十四繞迥的火龍年十二月初出生於西藏山南地方。當時，攝政熱振向藏區各地發出通知，要求立即把近來出生的靈異兒童報來。山南、達布、北方蒙古地區、雲南中甸等處都呈報了有靈兒出生的情形，結果桑日、沃喀、達布拉索三地的靈兒獲得吉兆。派去的官員經實地觀察，將三個幼兒的情況向攝政熱振活佛做了匯報。攝政和噶倫、基巧堪布等人商議後，再次請經師洛桑欽饒旺秋（德柱活佛）等進行占卜，並向護法神請求授記，都一致認為靈兒姓名入金瓶掣簽最為適合。攝政在各大寺院的堪布、執事僧和地方政府的各級僧俗官員大會上，介紹了派人尋訪和考察靈兒的情形以及占卜和降神所得到的回答。「僧俗代表等議定將這三個靈兒迎請到拉薩，由漢藏官員、喇嘛等進行觀察，若眾人信服，則可進行金瓶掣簽。若將此三個靈兒請到拉薩進行觀察時眾人不能信服，那就只好再尋訪其他的靈兒。眾人在議定的文書上蓋章

後呈報給攝政。攝政熱振呼圖克圖遂按大會議定，將詳細情形寫成文書，遞交給駐藏大臣。「請駐藏大臣將此情形以及依往昔文書擇定吉日進行金瓶掣簽之事上奏大皇帝請求恩准。駐藏大臣覆函說定將此事上奏。」[65]

西元一八五七年即藏曆第十四繞迥火蛇年十月七日，三靈兒被迎請到羅布林卡的格桑頗章。其後，在辨認前世遺物時，只有沃卡出生的靈兒正確無誤地認出了前輩用過的所有物品，「十三日，熱振呼圖克圖和駐藏大臣等漢藏官員喇嘛等在羅布林卡格桑頗章的日光寢殿會集，迎請三個靈兒前來，由駐藏大臣親自看驗。於是由駐藏大臣向大皇帝上奏，請允許擇吉日將這三個靈兒的姓名牌放入金瓶中掣簽。」[66]在接到皇帝允准的批覆後，一八五八年即藏曆第十四繞迥的土馬年正月十三日，當熱振呼圖克圖、駐藏大臣等人會齊後，由滿文書吏等在簽牌的一面分別寫上各靈兒的名字，經攝政和駐藏大臣核查無誤，由駐藏大臣向皇帝畫像唐卡磕頭，將簽牌放入金奔巴瓶中。此後，在場眾人齊聲唸誦請求聖者大悲菩薩和三寶慈悲護佑的真言和祈願偈頌三遍，然後由駐藏大臣向皇帝的畫像唐卡行三跪九叩首大禮並搖動金奔巴瓶，最後從瓶中掣出一個簽牌，由呼圖克圖和駐藏大臣等人共同查看，隨即向眾人宣讀沃卡洛桑丹增居美的名字。當時，眾人由於對三寶的敬信和抑制不住的興奮，高聲呼喊「拉嘉洛」（神勝利了）。駐藏大臣即向沃卡靈童的父親平措次旺說：「你的兒子洛桑丹增居美經金瓶掣定為達賴喇嘛的轉世，你向大皇帝磕頭謝恩。」於是平措次旺

---

65 《十二世達賴喇嘛傳——水日明鑒》，木刻本，第 27-28 頁。

66 同上，第 32 頁。

向皇帝的畫像唐卡磕頭謝恩，並向駐藏大臣和大呼圖克圖獻了哈達。[67]掣簽後，熱振呼圖克圖立即派噶倫前去官薩日楚，報告轉世靈童。

當月十五日，攝政熱振呼圖克圖為靈童剃髮，起名為阿旺洛桑丹貝堅贊赤列嘉措。不久，清朝的皇帝降旨說，經金瓶掣簽認定達賴喇嘛真身，心中無比高興，特賜敕書和禮品。四月十五日，從駐藏大臣衙門到羅布林卡間，各寺僧人排列成隊，僧俗官員及大小寺院的代表也列隊恭迎詔書，當達賴喇嘛的轉世靈童到倫珠噶蔡寢殿時，剛好詔書抵達，即設供案將其供於案上。駐藏大臣隨後將詔書迎請到大殿中，以熱振呼圖克圖為首的地方政府高級官員均面朝東方跪下，由仲譯堪布宣讀詔書，讀畢後漢藏眾人全都行三跪九叩禮，接著向靈童獻了哈達。[68]九月七日，大皇帝又封達賴喇嘛的父親為公爵，並賜給一品頂戴。

西元一八六〇年即藏曆第十四繞迴鐵猴年七月三日，十二世達賴喇嘛在布達拉宮坐床，其傳記說：「達賴喇嘛在眾多侍從的簇擁下緩步來到布達拉宮司喜平措大殿，欽差大喧著皇帝詔書來到，將大皇帝所賜的眾多物品陳列在事先準備好的桌子上。此時達賴喇嘛和攝政呼圖克圖二人在坐墊上面朝東方下跪，公爵、噶倫等人也都恭敬下跪，由滿文仲譯和堪仲用滿語和藏語朗聲宣讀大皇帝褒獎，達賴喇嘛和攝政呼圖克圖等人都行三跪九叩大禮。接著兩位駐藏大臣向達賴喇嘛和攝政獻了禮品和哈達，達賴喇嘛和攝政向他們回贈了哈達。當達賴喇

---

67 同上，第 33-34 頁。
68 同上，第 42-44 頁。

嘛首次登上由八隻獅子托起的大寶座時，駐藏大臣將皇帝所賜物品請達賴喇嘛過目。」[69]

二、地方政府的掌權者發生內爭，攝政熱振活佛逃往內

地，夏扎·旺秋傑布掌權這期間，清朝皇帝的統治力量逐步衰弱，達賴喇嘛又很幼小，西藏的主要掌權者也漸無視規章，從而釀成內部矛盾。據說矛盾公開化的原因是，當時攝政熱振活佛隨便為請求封文、減稅憑照、批示、證明文書的人加蓋官印，個人恩賞過濫，對噶廈等機構的職權不夠重視，也妨礙了地方政府的公務。噶倫夏扎 a ·旺秋傑布對此不滿，先與噶倫扎西康薩私下商議，然後公開提出，攝政的做法使政府公務難以進行。他的說法得到其他噶倫的贊同。他們決定直接向攝政陳述利害關係，並說按照慣例達賴喇嘛的印章是由基巧堪布保管，加蓋印章時需要五位仲譯欽莫會齊才能使用，今後攝政公章也應這樣使用，這對攝政的聲望也有利。熱振活佛答應說：「這樣做也很好，由誰來管印，可由噶廈提出辦法，我來任命。」不過熱振活佛是想任命一名僧人掌管攝政官印，沒有想到噶倫要插手。噶倫們認為除了夏扎外無人適合擔任掌管攝政官印者，於是就擬定方案並蓋章呈報給攝政。攝政頓起疑心，於當夜召請基巧堪布到官邸商量問計。基巧堪布認為，這是一個想奪取攝政權力的陰謀，應當追查誰是首先提出這一計劃的人。攝政接受了這一意見，沒有批准噶廈的

---

69 《十二世達賴喇嘛傳——水晶明鑒》，木刻本，第 57 頁。

報告免去夏扎的職務，讓他回自己的尼木恰郭莊園去閒居。當夏扎在尼木閒居時，廓爾喀王室的大臣寫來一封問候夏扎的信函，夏扎回了一封親筆信，夏扎夫人即將此信悄悄拿出，經過襄佐旺堆傑布報告攝政熱振活佛。攝政聞訊，即以夏扎違制與外藩通信之罪名，要噶廈派人查辦。他雖然沒有明確說處死廈扎，但言下之意是要斬除惡根。不過，執行命令的代本吞巴沒敢殺死這位連清朝皇帝都知道的官員，只是將他囚禁起來。後來，與夏扎有特別的供施關係的甘丹寺僧人設法與他取得了連繫，並開始策劃新的舉措。

　　富有經驗的夏扎認為光靠甘丹寺僧人反對熱振活佛是不行的，應和哲蚌寺聯手，並在政府官員中尋求支持。西元一八六二年即藏曆第十四繞迴水狗年年初，地方政府對參加哲蚌寺法會的僧人從發放糧物為發錢，得布施的數量有所減少。甘丹寺僧人遂利用這一機會支持哲蚌寺反對熱振活佛。兩寺挑選年輕力壯的僧人救出夏扎，隆重迎入拉薩。當夏扎所來到布達拉宮下的外石碑處時，下轎朝布達拉宮跪拜祈禱，並讓人帶去敬獻給達賴喇嘛的哈達，在百姓中造成他是奉達賴喇嘛之命返回拉薩的印象。當晚，夏扎發出通知，要拉薩所有僧俗官員和與甘丹、哲蚌寺有連繫的康巴商人次日到大昭寺集會。由於通知沒有說是夏扎召集的，因此有許多不明真相的公職人員前來參加。會上，夏扎詳細講述了他被安上罪名的經過，以及熱振活佛等人如何違反法規欺壓百姓，希望大家齊心合力反對攝政，並就此作了詳細安排。他臨時成立了一個叫做「甘哲仲基」的組織，並召集甘丹寺和哲蚌寺的僧人等攻打攝政熱振活佛的住所喜德林拉章。哲蚌寺僧眾因對本寺堪布被革職一事不服，聚眾至攝政府吵鬧，駐藏大臣滿慶派糧務委員李玉圃、游擊唐懷武等人率漢兵前去「彈壓」，李玉圃又偏袒哲

蚌寺，以致事態擴大，哲蚌寺僧人又聯絡甘丹寺喇嘛，並打開布達拉宮的武器庫，取出火炮向攝政府轟擊。「事件發生後，熱振一面向駐藏大臣報告，一面也聚眾開槍還擊，堅持了一天，終因寡不敵眾，熱振於夜間攜帶了攝政的印信潛逃。」[70]

關於這方面的說法很多。如有的說藏軍不僅參加了圍攻熱振活佛，而且四方都有代本把守。誰放走熱振活佛，就要按軍法處置。當時，夏扎指示將大砲安在喀阿東地方，向喜德拉章開炮。喜德拉章也向那裡開槍，於是，這就成了熱振活佛向布達拉宮開槍的罪名。

「熱振呼圖克圖從拉薩逃出後，取道青海前往北京，向清朝政府控訴。清朝政府一方面派福濟為查辦大臣，前往西藏查辦此事，因當時西康瞻對地方發生部落糾紛，道路梗塞，未能前往；一面又調糧務委員李玉圃赴京對質，但駐藏大臣祖護李玉圃，『卒不遣去』，後來熱振死在北京，此案不了了之。」[71]

當年年底，夏扎‧旺秋傑布被任命為西藏攝政，經奏請封給諾門罕名號。「在這位執政的期間，傳令用達賴喇嘛的印章和噶廈的印章，沒有自己專門的印。」[72]這充分說明，夏扎由於沒有皇帝賜給攝政的印章，就不能自行使用自己的印，但是夏格巴卻說「當時因甘哲仲基為代表的西藏全體僧俗公眾的請求，年僅十七歲的依怙達賴喇嘛在三月十二日表面上親政，擔負起政教兩方面的重任，實際上由卸任噶倫夏扎‧旺秋傑布擔任助手管事，賜給他諾門罕的名號，並委任為

---

70 牙含章：《達賴喇嘛傳》，青海人民出版社，藏文版，第 216 頁。

71 同上，第 216 頁。

72 《印鑑清冊》，第 26 頁。

攝政。」[73]按其描述，似乎此事與清朝政府毫無關係。

實際上，「當時攝政熱振呼圖克圖和甘丹、哲蚌寺的代表之間因鬼魔作祟，發生不和，進而釀成大亂，雖由薩迦達欽和扎什倫布寺的代表索本、仲尼爾、阿欽等人努力進行了調解，但是並未和好，因此熱振呼圖克圖不能護持政務，於是人天導師達賴喇嘛需要擔負起政教兩方面的重任，所以在三月十二日，達賴喇嘛接受了珍貴的詔敕和印章，護持政務。」這也就是說，在當時西藏沒有政教首領可以委任的情況下，達賴喇嘛依靠歷代清朝皇帝賜給歷輩達賴喇嘛的詔書、金印在名義上掌管政權，而後來的夏格巴力圖將此事與夏扎得到攝政的職務和諾門罕的名號混為一談。關於夏扎被任命第悉和得到諾門罕名號，《十二世達賴喇嘛傳》中清楚地記載說，當年六月裡，「人天導師達賴喇嘛擔負起政教兩方面的重任但是由於當時年齡幼小，需要任命一個服事和辦理的為首之人，甘丹寺、哲蚌寺和仲科爾們商議，一致認為卸任噶倫夏扎與達賴喇嘛心思一致，可以擔任。經過向皇帝奏請，得到批准之後，兩位駐藏大臣立即要求夏扎承擔辦理政務之責，因此在六月二十一日卸任噶倫夏扎從拉章前往布達拉宮。」[74]當年九月「七日，因為皇帝命人天導師達賴喇嘛為政教之主及命卸任噶倫夏扎·旺秋傑布協助掌政賜給諾門罕名號的詔書到達，舉行盛大喜宴，前往布達拉宮司喜平措大殿會見了駐藏大臣。達賴喇嘛、諾門罕、各大呼圖克圖、公、噶倫、基巧堪布等人全都跪下，由滿文仲譯和堪仲宣讀詔書，宣讀完畢，眾人全都向皇帝恭敬地行三跪九叩之禮。」

---

73 夏格巴·旺秋德丹：《西藏政治史》，下冊，（第 40-41 頁）。

74 《十二世達賴喇嘛傳——水晶明鑒》，木刻版，第 90 頁。

以上這些才是當時真實的歷史過程。

　　夏扎・旺秋傑布掌握第悉的權力之後，不久即委其心腹夏孜堪布的襄佐貝丹頓珠以重任，這成為他後來權勢顯赫的開端。

三、用兵瞻對，第悉夏扎去世，德珠出任攝政

　　當時，瞻對（今四川新龍）地區的部落之間常發生一些糾紛和戰亂，後愈演愈烈。瞻對貢布朗傑父子等人趁內地和西藏地區時局動盪不定之機，用武力統治了上下瞻對，搶占霍爾章谷（今四川爐霍）等土司的土地和屬民，還準備吞併明正土司管轄的打箭爐（今四川康定）地區。西元一八六三年即藏曆第十四繞迴的水豬年新年時，其子貢布次丹糾合人馬包圍理塘土司官寨，劫奪西藏地方政府官員在四川採買的茶葉，阻斷了漢藏之間的交通。貢布朗傑等人還搶奪拆閱來往的公文折報，破壞法紀達到登峰造極的地步。駐藏大臣等決定派兵前去征討瞻對匪亂首之人貢布朗傑父子。藏軍在西元一八六三年即藏曆第十四繞迴水豬年於九月間到達瞻對。由於當地山高谷深，路狹隘險，而匪盜又拚死抵抗，所以藏軍進展緩慢，不過由於盜匪多年來在康區各地搶掠燒殺、欺壓群眾，所以廣大百姓對其育恨，盡力支援藏軍的進攻。

　　西元一八六四年即藏曆第十四繞迴木鼠年四月十三日，十二世達賴喇嘛按例受出家戒。藏曆八月二十五日，第悉諾門罕夏扎・旺秋傑布因病在羅布林卡去世。由於達賴喇嘛還年幼，即向護法神交了一份詢問擬任掌辦政務的一些人選各自福運大小的名單，並為任命攝政事

給駐藏大臣寫了一封信。這兩份文件上都加蓋了達賴喇嘛的印章。史料記載，在當月二十九日，達賴喇嘛指示經師德柱欽饒旺秋要擔負起政教的主要職責。但是夏格巴卻說：「西藏會議懇請經師卸任甘丹赤巴德柱洛桑欽饒旺秋出任攝政，經德柱同意後，於二十九日頒布任命，互敬哈達，隨即負起政教重任。」[75]實際上並不是這樣，而是由達賴喇嘛向駐藏大臣呈報後才得以任命的，而且駐藏大臣關於任命經師卸任甘丹赤巴為協助辦理政教事務的攝政的事向大皇帝寫了奏章，接到皇帝批准的詔書後，兩位駐藏大臣即發來文書，要攝政迅即視事。於是在（九月）二十三日在仲科爾早飯之前舉行了博學的經師卸任甘丹赤巴（即德柱欽饒旺秋）就任攝政的儀式。[76]當時達賴喇嘛的年齡還不到九歲，而且瞻對地區的戰亂還沒有完全結束，為了使西藏的政務不致廢弛，欽差駐藏大臣先行任命德柱為攝政，當時還沒有賜給德柱以攝政的正式名號（諾門罕）。

西元一八六五年即藏曆木牛年二月「七日，大皇帝賜給攝政卸任甘丹赤巴以諾門罕名號令其協助辦理政務的詔書送達，因此按例規從駐藏大臣衙門迎請詔書，在太陽出山之時將詔書迎至日光寢殿，達賴喇嘛、攝政及大小呼圖克圖俱無比恭敬地跪聽宣讀皇帝詔書。」[77]從此，德柱才有了攝政諾門罕的名號。

一八六五年平定瞻對之亂的軍事行動進展順利，駐藏大臣又派李玉圃率西藏軍兵前往進攻，西康土司也奉命出兵協助，分路環攻。藏

---

75 夏格巴·旺秋德丹：《西藏政事王統》，下冊，第 45 頁。

76 《十二世達賴喇嘛傳——水晶明鑒》，木刻版，第 122 頁。

77 《十二世達賴喇嘛傳——水晶明鑒》，木刻版，第 217 頁。

軍全面進擊，次第攻下多宗、恰郭敵寨和雅江的敵寨，兵圍貢布朗傑的首邑日囊宗。由於貢布朗傑等負隅頑抗，拚死抵禦，藏軍於八月一日採用火攻，貢布朗傑父子等數十人被燒死。長期的戰亂始告平息，西藏和內地之間的交通得以恢復。西元一八六六年即藏曆第十四繞迥火虎年「十月一日，大皇帝對達賴喇嘛和攝政進行褒獎，賜給內庫黃哈達、賜給攝政諾門罕以呼圖克圖名號的詔書抵達。」[78]平息瞻對之亂的漢藏官兵也均獲清廷獎勵。

西元一八六七年即藏曆第十五繞迥火兔年正月十三日，因瞻對戰事順利解決，清朝皇帝還賜給達賴喇嘛「振錫綏疆」的匾額。這塊匾額安置於布達拉宮司喜平措大殿正中歷輩達賴喇嘛的大寶座的上方，至今仍可見到。

當年「七月十二日，因天命大皇帝所頒詔書和歷任攝政使用的公章銀印送抵駐藏大臣衙門，……由駐藏大臣將銀印交到達賴喇嘛手中，然後駐藏大臣等漢官向達賴喇嘛敬獻哈達，達賴喇嘛將攝政的銀印頒給攝政德柱欽饒旺秋，攝政向達賴喇嘛行禮受印並獻哈達及禮品請求護持，並按照古昔傳下的例規舉行盛大宴會慶賀。」[79]這裡所說的銀印，即是乾隆二十二年（西元 1757 年）藏曆第十三繞迥火牛年賜給西藏第一任攝政喇嘛第穆·德勒嘉措的印，印文為「承辦藏務掌管黃教額爾德蒙額諾門罕印」，以後為歷任攝政使用。熱振活佛攜印逃往內地後，西藏主要用達賴喇嘛的金印在公文上蓋章，沒有攝政的官印，一直到一八六七年攝政的印才又賜給德柱呼圖克圖。

---

78 同上，第 135-136 頁。
79 同上，第 141 頁。

四、貝丹頓珠之亂，攝政德柱去世，十二世達賴掌政不久圓寂

　　西元一八六八年即藏曆土龍年，貝丹頓珠被委任為基巧堪布。他野心勃勃，培植了不少心腹，並以「甘哲仲基」這一組織為基礎，建立他的個人專制。對於當時一些有知識的幹練官員，特別是對不願聽從他的人，則設法一一翦除。噶倫普隆巴在平定瞻對之亂後，奉命在康區鎮壓劫路盜匪，於是便有人前來拉薩向貝丹頓珠鳴冤叫屈，請求救助。貝丹頓珠既為幫助同鄉，又擔心普隆巴以後會成為他的障礙，於是設法除掉了他。噶倫中博學精明的崔科哇也是被貝丹頓珠派人拋入河中暗害致死的。此外，當時還有一些官員突然失蹤。後來，攝政德柱察覺後即連夜派人把貝丹頓珠的幾名心腹抓了起來，與此同時，攝政通知噶倫和基巧堪布等，次日晨到攝政官議事，以便逮捕貝丹頓珠。貝丹頓珠察覺後，不願悔罪，領著幾名心腹於半夜時分出逃，跑到甘丹寺。

　　攝政德柱經過與駐藏大臣商議，立即調動漢藏官兵，攻打甘丹寺。貝丹頓珠眼看在甘丹寺無法久留，便和心腹乘夜出逃。藏軍發現後緊追不捨。在走投無路的情況下，貝丹頓珠等人各自拿槍對準對方，同時開槍。貝丹頓珠死後，「甘哲仲基」的組織徹底解散。拉薩的局勢很快恢復平靜。由於貝丹頓珠被當作敵視佛教的教敵，因此亂事發生期間，駐藏大臣恩麟親自指揮漢藏軍兵和色拉、哲蚌寺的僧人在羅布林卡嚴密保衛達賴喇嘛的安全。

　　西元一八七二年即藏曆第十五繞迥水猴年九月十八日，攝政德柱呼圖克圖洛桑欽饒旺秋在羅布林卡的格桑頗章去世。西元一八七三年

水雞年二月十二日，「當達賴喇嘛登上寶座時作為殊勝的緣起由地方政府代表敬獻象徵土地和大海的哈達、佛經、佛像等禮品，筆者（經師）榮增堪布和公爵、噶倫以下仲譯欽莫以上的官員、南傑扎倉的執事僧人等也敬獻了哈達，⋯⋯然後由噶倫和孜恰（布達拉宮襄佐）等人捧香爐等迎請達賴喇嘛到布達拉宮紅宮的司喜平措大殿之中，當駐藏大臣等人來到後，漢官們也向達賴喇嘛獻哈達，達賴喇嘛隨即還賜給他們。僧人們齊聲唸誦吉祥偈頌並向達賴喇嘛獻國政七寶，撒花祝福⋯⋯慶賀宴會結束後，達賴喇嘛返回日光寢殿，掌印堪布向他獻了哈達禮品，4 名仲譯欽莫也分別獻了哈達，然後排列一旁，達賴喇嘛撒了祝福麥粒等後，在題詞敬神哈達上加蓋印章，作為啟用印的薦新。」[80]這段記載確切地表明十二世達賴喇嘛是這時才肯正式開始掌管政務，而且他的親政是按皇帝的詔書和規定的時間登上寶座，開始掌管西藏政務。

　　一八七五年三月四日起，達賴喇嘛身患寒病，雖服藥治療，並舉行了祈禱健康長壽的法事，但病情不見好轉。三月二十日，十二世達賴喇嘛在布達拉宮圓寂，年僅二十歲。駐藏大臣、主要侍從官員等人皆身著喪服，前去向達賴喇嘛的遺體行禮，並按例規為達賴喇嘛舉行超薦法事，呈獻供品，誦經祈禱。

---

80 《十二世達賴喇嘛傳——水晶明鑒》，木刻本，第 191-192 頁。

五、達察被任命為攝政，反對英人入藏考察

十二世達賴喇嘛去世後，清廷准駐藏大臣松溎奏請皇帝，得旨由達察呼圖克圖阿旺貝丹卻吉堅贊執掌攝政職，被稱為通善呼圖克圖。

十二世達賴喇嘛家族後來與八世達賴喇嘛家的莊園拉魯噶蔡哇合併，加上新賜的工布噶洽莊園等，形成領地超過其他貴族的亞谿拉魯家族。

英帝國主義很早就對中國的西藏地方懷有野心，在十二世達賴喇嘛執政期間，英國進兵錫金，逼簽了英錫之間的不平等條約，條約規定錫金需為英國與西藏的交通提供方便。然而由於西藏方面始終宣佈禁止英國人進入西藏，因此他們又對腐敗的清朝中央政府施加壓力，以達到進入西藏的罪惡目的。西元一八七六年（清光緒二年），英帝國主義者藉口雲南町玉人民殺死英人馬嘉理的事件，恐嚇清朝政府。清政府派李鴻章為代表與英駐華大使威妥瑪在山東煙臺訂立《煙臺條約》，乘機寫進允許英國人入藏的要求。

西元一八七九年（清光緒五年），英帝國主義者根據這一條約的規定，派遣「馬加國攝政義奧斯圖凱來賴」等人，企圖從青海入藏「遊歷」，並由北京行文駐藏大臣松溎，通知噶廈，揀派漢藏弁兵前往照護。噶廈接到洋人入藏「考察」的咨文以後，召開僧俗官員會議討論，一致反對洋人入藏，由達賴喇嘛、班禪額爾德尼二人領銜，給駐藏大臣上了公稟，要求轉奏清朝皇帝。公稟稱：

「伏查洋人入藏遊歷一案，屢接駐藏大臣譯文，內稱『立定條約准其入藏，奏明之件，萬無更改，各國到時，漢番一體照護，勿滋事

端』等因，並面奉屢次剴切曉諭，遂將藏中向無洋人來過，並習教不同，恐於佛地有礙，闔藏僧俗大眾苦衷，懇求駐藏大臣代為咨報矣。而兩藏（指前後藏）世世仰蒙大皇上天恩，振興黃教，保護法地，何能仰報高厚鴻慈於萬一，豈敢執意抗違不遵？查洋人之性，實非善良之輩，侮滅佛教，欺哄愚人，實為冰炭，斷難相處，茲據闔藏僧俗共立誓詞，不准入藏，出具切結，從此世世不顧生死，永遠不准入境，如有來者，各路派兵阻擋，善言勸阻，相安無如或逞強，即以唐古特之眾，拚命相敵，諒在上天神佛庇佑佛地，大皇帝恩護佛教，斷不致被其欺壓而遭不幸也！謹將闔藏僧俗官民大眾公議苦衷傷心情形，出具切實甘結，特求駐藏大臣代為奏咨，切望聖恩無疆，以救闔藏眾生之生命也。謹呈。」[81]

　　這一歷史文獻清楚地表明了英帝國主義為了達到侵略目的，竭力破壞西藏關係，同時也表明西藏官員民眾為保護中國邊疆的決心。

　　「在西藏上下一致反對洋人入藏的堅決態度面前，駐藏大臣松溎感到無計可施，向光緒帝報告：『乃該商上固執梗頑愚見，以眾論之偏，有違聖明之旨……所有商上瀆稟不遵緣由，具實參奏，請旨將掌辦商上事務通善呼圖克圖以及噶倫、總堪布等嚴行懲力。奴才鎮撫無方，呼應不靈，請旨一併從重治罪，並請另行簡放能幹大員來藏，以期辦理得宜』。清朝政府也感到事情非常棘手，乃密旨四川總督，設法阻擋洋人入藏。」[82]次年，英國又派人前往巴塘，準備入藏。藏族人民即準備使用武力阻止洋人進藏。英國人看到情勢確實嚴重，才命令已到巴塘的人改經雲南返回印度。

---

81 牙含章：《達賴喇嘛傳》，人民出版社，1984 年版，第 106-107 頁。

82 同上，第 107-108 頁。

十三世達賴喇嘛土登嘉措時期

一、土登嘉措的降生和認定及坐床的情形

藏曆第十五繞迴（1876 年）火鼠年五月五日，土登嘉措降生在下達布地區一戶普通農家裡。由於該戶處在形似矯健的大象的朗林拉巴山前，故稱之為朗頓（大象旁之意）。當時十二世達賴喇嘛赤列嘉措去世已一年多了，按慣例首先請八世班禪丹白旺秋打卦問卜。八世班禪答覆說，達賴靈童已經出世，其方向在拉薩的東南方。而後，護法神也說靈童已在拉薩東南方向出世。於是，攝政達擦和噶廈政府派出多人尋訪查詢過程中，人們發現朗頓的情況與聖湖顯影、神佛預言完全相同。他們即致函政府，詳細匯報了所見所聞。噶廈立即派人到朗頓再度進行認真考察，指示其父母將男嬰出世前後的吉祥預兆，詳實地作一書面稟報。

根據各地傳報的情況來看，朗頓的男嬰無疑是達賴轉世靈童。但為了慎重起見，噶廈再次派人攜帶哈達，鍍金銅白度母像等敬獻物，前往靈童出生地。隨後，八世班禪丹白旺秋、攝政達擦呼圖克圖、各

寺高僧等一致認為靈童確係前世達賴轉世，因而通過駐藏大臣松溎上奏皇帝。光緒皇帝下諭旨云：「貢嘎仁欽之子羅布藏塔布克甲木錯，即作為達賴喇嘛之呼畢勒罕，毋庸掣瓶。」[83]噶廈接到諭旨後，即派專使前往轉世靈童降生地宣讀皇帝聖旨。

藏曆十一月一日，靈童由噶倫宇妥為首的迎請官員陪同，浩浩蕩蕩前往拉薩。沿途部眾焚香，僧眾們手持經幡列隊迎送靈童。十四日，靈童抵達拉薩東郊的蔡貢塘。按慣例，駐藏大臣松溎捧讀了諭旨，宣讀完畢，靈童向東方行了三跪九叩禮，然後由駐藏大臣等向達賴靈童敬獻哈達，達賴靈童也向駐藏大臣回贈了哈達，並送了鍍金佛像等厚禮。

藏曆土虎（1878）年正月四日，八世班禪丹白旺秋應政府的邀請前來拉薩。十一日，班禪額爾德尼、攝政達擦呼圖克圖等一同前往蔡貢塘會晤達賴靈童，互獻哈達。

之後，在日光殿的主聖前，由班禪額爾德尼剪去靈童的頂髮，取法名為「吉尊阿旺羅桑土登嘉措晉美旺秋卻勒南巴傑娃德白桑布」。為了慶賀靈童剃髮取法名，西藏舉行了盛大的慶祝宴會。

此後，西藏地方政府通過駐藏大臣松溎轉奏皇上，請求「准許下年舉行達賴坐床大典，並用黃色馬鞍。」土兔（1879）年公曆五月，光緒皇帝諭旨云：「達賴喇嘛轉世已確定，今年六月十三日良辰吉時舉行坐床，甚佳，朕深喜之！現贈達賴喇嘛黃哈達一條，佛像一尊，念珠一串，鈴杵一套。達賴喇嘛坐床之後，可啟用前世達賴喇嘛之金

---

83 牙含章：《達賴喇嘛傳》，人民出版社 1984 年版，第 93 頁。

印，並復奏皇上謝恩。經用黃轎及黃色的鞍轡均予准用。封佛父貢嘎仁慶為公爵，賞戴寶石頂子，著孔雀翎，依旨遵行，欽此！」[84]佛父貢嘎仁慶被封為公爵以後，噶廈政府按慣例又撥給莊園和農奴，遂成為大貴族之一，名為朗頓。

五月十三日，達賴喇嘛坐床典禮正式開始。達賴喇嘛在悅耳的鼓樂、號角等樂器聲中乘著由八人抬著的黃色轎子，在攝政達擦呼圖克圖、欽差大臣等漢藏僧俗官員的簇擁下向拉薩進發。按舊例，達賴喇嘛首先到大昭寺，向釋迦牟尼等佛像叩頭敬禮，敬獻哈達。十四日正逢良辰吉時，在布達拉宮司喜平措大殿送達賴喇嘛禮品，並由一位年長的堪仲（僧官擔任的大秘書）大聲宣讀了皇帝發來的賀信諭書。接著駐藏大臣向達賴喇嘛敬獻上等哈達一條，青玉如意一件，並且將皇帝贈送的陽紋緞織畫像一幅、一條哈達，長柄玉盞一個，鍍金銀輪一件、銀製曼遮一個和漢銀一萬兩等禮品呈請達賴喇嘛過目。為了慶祝達賴喇嘛坐床，西藏進行了隆重的慶祝活動。

坐床大典舉行之後，按照慣例，達賴派白也爾堪布前往北京，向皇帝呈送讚頌其恩德的奏本。其中云：「我們邊地眾生之幸福，過去來自您的恩德，今後不靠皇上靠何人？」

藏曆水馬（1882）年，達賴年滿七週歲，已到受戒年齡。但八世班禪重病在身，不能傳授比丘戒，改由攝政達擦呼圖克圖傳授。是年，八世班禪丹白旺秋圓寂。火狗（1886）年四月八日，攝政達擦通善呼圖克圖去世。次日，駐藏大臣色楞額前去驗屍，並封了攝政的大

---

84 《傳記稀奇珍寶鏈》藏文木刻本，第 52-53 頁。

印。「十三日，四大噶倫、總堪布等人帶著哈達、曼遮等禮品，前往布達拉宮向達賴報告並商討繼任人選問題。報告說，達賴喇嘛還年幼，且要求學唸經，故攝政之事暫由第穆呼圖克圖代行為宜。噶廈專門派人與兩位駐藏大臣磋商攝政的人選，根據與駐藏大臣磋商決定，任命第穆呼圖克圖為代理攝政，並按照駐藏大臣的意見，多喀瓦、宇妥等三位大臣前去向達賴喇嘛報告。」[85]於是，駐藏大臣轉奏皇帝准許第穆呼圖克圖代行攝政職權。為了保持西藏政局的，當年的藏曆五月十三日，舉行了第穆呼圖克圖宣誓就職儀式。

西元一八八八年，即藏曆土鼠年正月十四日，根據達布仲巴地區、拉木、托傑等地出現三位班禪靈童的情況，在布達拉宮的薩松朗傑（尊勝三界）殿舉行了金瓶掣簽儀式。掣簽結果出了達布仲巴地方的靈童的名字，表明九世班禪曲吉尼瑪無疑是真正的轉世靈童。

二、第一次抗擊英帝國主義的戰爭

十九世紀時，世界已進入了資本主義，各帝國主義之間經常發生爭奪市場，掠奪生產資料而引發的戰爭。此時的清朝政府已陷入衰敗境地，對邊疆地區鞭長莫及。當時，英國為擴大其勢力範圍，以侵占整個西藏為目的，先後以傳教者、旅遊者的身分派遣許多密探到西藏。英帝的行為遭到西藏各族人民的堅決反對。隨後，他們又變換手法，占領了與西藏接壤的小國。如藏曆木狗（1814）年，英國以欺詐

---

85 《傳記稀奇珍寶鏈》上卷，第 138 頁。

手段和援助錫金國為名從尼泊爾手中強奪了兩個地方。尼泊爾人一方面抗擊英國侵略軍，另一方面向駐藏大臣求援，但駐藏大臣卻責備尼泊爾「惹事生非」。尼泊爾人只好與英國簽訂不平等的薩格里條約。英國的真正目的在於霸占西藏這塊地域遼闊而軍事力量單薄，人口少而物產豐富的地方。英國侵占尼泊爾這些地方以後，又開始侵略不丹和錫金兩國。當時，英國人以恐嚇和欺騙相加的手段，多次逼錫金王前往印度的大吉嶺。但是，他沒有同意，甚至在藏曆火鼠（1876）年，和不丹國王分別向駐藏大臣、攝政等西藏的主要官員寫信說：「種種跡象表明，英國人不久將侵犯佛教聖地西藏，故敦請及早派遣得力人員衛戍邊境，加強戰備，以防英人入侵。」與此同時，噶廈也收到了邊境各宗谿送來的有關報告。特別是帕裡和崗巴兩宗迭次報稱：「職等曾先後派人對邊界各關口要隘進行偵察，獲得的情報與外國邊民提供的情報相符。據了解佛教之敵英人為侵略我方領土，曾多次派人入我邊境探，測繪要隘地形，招兵買馬，對我邊境造成極大威脅。」駐藏大臣，攝政達擦等收到報告後認為，邊境的安危關係到國家的主權和人民的生命財產，不能等閒視之。於是，派人前往邊境觀察。但這些官員並沒有親臨邊境調查了解和佈置防範措施，而是到錫金與國王立了一個關於錫金保證不讓英軍借其領土進入西藏的文約，自以為這樣就可以消除邊境上的後患，結果英國侵略軍多次入侵，而我方一無所知。就在這時英軍頭目懷特勾結錫金王的親屬，控制了錫金，並把其作為侵略西藏的跳板，加緊修路、架橋。錫金和不丹被英軍侵占以後，西藏政府勸錫金王及眷屬來藏避難。錫金人與藏族之間有著血緣關係，語言文字和宗教信仰又相一致。因此，錫金王聽從勸告來藏居住了兩年多。這期間英帝多次強令該王立即返回錫金，但他不畏強暴，強烈譴責英人的侵略行徑，並攜王后親赴拉薩，向噶廈提

出要求說：「綜觀英軍之行為，錫金民眾必定在受煎熬。因此，念在我們共同信仰佛教之情，請一如既往地提攜扶持我們。」藏政府答應了他的要求，而且為其王子登基贈送禮物，以示慶賀。當錫金國王等回住地時藏政府又贈送了衣物，藏銀、茶葉等，並為其提供一千克（一克二十八斤，譯者注）青稞。

英國占領錫金和不丹王國之後，藏政府緊急發布了不准外國人進入西藏的法令，但英國特務印度人薩熱堅達斯佯裝信教潛入江孜，然後前往仲孜。莊主帕拉夫人沒有引起警覺，給予了他幫助，還把他介紹給與帕拉有供施關係的扎什倫布寺活佛生欽‧羅桑班丹群培。生欽活佛誤以為他是虔誠的沙門弟子，遂結為師徒關係。此事被西藏地方政府發覺後，把生欽活佛召回拉薩，並沒收其財產，罷免其職，以目無法紀，窩藏外國人，洩露機密等罪流放工布江達，後死在該地。與此同時，這個英國特務同帕拉夫人一起佯裝前往羊卓桑頂寺等處朝聖，路經江孜潛入拉薩。此舉被地方政府發現後，勒令貴族帕拉每年向藏政府交納一定數量的罰糧。

當時，英法聯軍直逼北京，清朝中央如同風中殘燈，搖搖欲墜。西藏各族人民和愛國僧俗官員為了保衛家園，於一八六六年在西藏的隆吐山設卡，阻止英國人進入我方領土，在離大吉嶺只有一百華里的地方修築砲臺。英國人得到消息後，向清朝中央政府的外交衙門致函：「藏人修築砲臺，其目的是阻止通商。英軍雖能輕易地摧毀之，但中國不想惹起糾紛。故此，通知駐藏大臣向藏民宣佈不准隨意妄動。」清朝政府收到此函後，慌忙通過駐藏大臣命令西藏地方撤除哨所。西藏僧俗官員通過駐藏大臣文碩向清朝政府表示：「隆吐山是西藏的神聖領土，因此決不從那裡撤除哨卡。」並要求英國侵略軍退出

錫金。當時英帝國主義一方面在邊境挑釁，一方面為了正式侵入西藏，於一八八七年在邊境聚集了二千士兵，運來四門大炮以及大量的軍需物資，建立了侵入西藏的基地。

此時，西藏人民同英國人的矛盾幾近白熱化。在這種情況下攝政和噶廈召集全藏僧俗代表商討對策，擬訂了《共同誓言書》。大家在《誓言書》上簽了名。會議提出：為了抗擊英國侵略軍，除繼續徵調民兵外，視戰局發展情況，組織僧兵，在各地實行十八至六十歲的徵兵制；籌集各類武器，徵集軍需物資、糧草等。駐藏大臣文碩將此事稟報了光緒皇帝，但並沒有起到任何作用。火豬（1887）年七月四日，噶廈特指定代本拉頂色等率領工布民兵和從康區徵調的五百多民兵前往西藏和錫金邊境。此時，錫金王土道朗傑派人提出和平談判的建議，但英人拒絕接受，反而在藏曆土鼠（1888）年二月七日向藏軍發起突然襲擊。藏軍用土槍、弓箭、刀矛等原始兵器狠狠地打擊了來犯之敵。二月八日清晨，英軍再次發動進攻，藏軍誓死抵禦，斃傷英軍一百餘名，藏軍戰死甲本（連長）一名，兵員二十餘人。二月十二日，英軍在炮火的掩護下，再次發起進攻。手持原始兵器的藏軍難以抵敵，只好退至納湯一帶。英軍抵達納湯後，派人四處偵察，未發現一兵一卒，但就地宿營。英勇善戰的工布民兵則乘夜包圍了英軍駐地，手持大刀，斃敵多人。後在英軍的炮火轟擊下，藏軍不得不退到春丕等地。七月八日，噶倫拉魯・益西羅布擔任藏軍總管，派出援兵一萬多人開赴前線。增援部隊開赴前線之前，十三世達賴喇嘛接見了全體官兵，並賜予護身符等，希望他們把凶殘的敵人驅逐出去。駐藏大臣文碩不僅全力支持西藏民眾的愛國行動，而且制定了系列戰略計劃。他不贊成清政府的錯誤政策，認為：「英俄對西藏如此興趣，並

非僅為通商，另有永久性的險惡目的。西藏人民捍衛佛門教法，保衛自己家鄉的舉動是正義的。因此，中央政府應當給予支持。」文碩雖迭次呈文稟報實情，但清政府不僅不採納其建議，反而革去了他的職務。新任駐藏大臣升泰到藏後，完全執行清政府的投降主義路線，要求西藏地方政府撤軍。攝政第穆等官員共同商討後，向升泰遞交了一封決戰書。表示，「自光緒二年，藏曆第十五甲子火雞年以來，英國屢次以開關通商為名，以達到武力侵略西藏為實。對此，我全藏廣大僧俗人民採取了抵制態度。我方在交戰中雖遭了挫折，但絲毫沒有動搖我全藏軍民抗擊侵略者的決心。我們仍在派增支援部隊，進行著同侵略者頑強的戰鬥。如果貴大臣竟以皇帝旨意脅迫西藏軍民放下武器，停止抵抗，那麼我等只能把駐守在亞東的抵抗部隊不再集結於一隅之地，但絕對不能撤出，把部隊分散布防於該地區。」與此同時，攝政第穆、噶廈和升泰進行多次商榷，均遭拒絕，強令「除少數藏軍留守帕里外，其餘一律要撤退」。升泰還親赴英軍營地，與英國人就錫金與西藏的邊界、通商等問題磋商。藏曆土牛（1889）年，西藏地方代表噶倫然巴‧扎西達傑等人從拉薩返回亞東後，向升泰呈送了攝政第穆呼圖克圖等僧俗官員聯名寫的公稟，表示奉命撤退藏軍，但決不接受有關邊界和通商方面的協議。這些意見和建議仍被升泰拒絕。是年二月，清政府命升泰以全權大臣身分前往加爾各答與英國代表簽訂了賣國條約八條，而後又簽訂了關於亞東關口條約九條。這兩個條約出籠後，激起了西藏僧俗民眾強烈不滿，給予了堅決的抵制。

三、十三世達賴掌政，西藏統治階層內部的爭權鬥爭

　　藏曆第十五繞迴木羊（1895）年，達賴喇嘛年滿二十歲，按照慣例，應由班禪傳授比丘戒。但九世班禪年幼不能授戒，達賴即在大昭寺釋迦佛像前，拜佛師普布覺・強巴嘉措等人為師受比丘戒。並按慣例，派白也爾堪布向光緒皇帝報告受戒情況。皇帝為此下諭，並賜其珊瑚串等禮品。

　　當時西藏的形勢急轉，並越來越複雜化。主要是因為：①隆吐山失守給西藏的政治、經濟、軍事等各方面帶來了前所未有的損失，使社會矛盾日益尖銳化；②英帝國主義預謀發動第二次侵藏戰爭；③清中央政府如同風中殘燭，已失去了實施內外政策的能力；④西藏統治階級內部奪利的鬥爭日益尖銳化、表面化；⑤俄國乘機把魔爪伸向西藏。為此，攝政第穆呼圖克圖迭次要求辭職，並奏請達賴喇嘛掌管西藏政務。於是，噶廈、三大寺、全體僧俗官員於木羊（1895）年召開全體會議，向達賴喇嘛呈文表示：「……現達賴喇嘛已二十歲，超過了親政的年齡，加之您那超群無敵的政教智慧，更應接受全藏人民的希望，為了全藏民眾的福利，掌管西藏的政教事務。」[86]清朝皇帝接報後，下旨：「爾金剛持達賴喇嘛現年歲已長大，通達福根顯密諸法，對釋迦牟尼精典之黃教體系更是徹悟。對眾生如同愛子不分親疏，明知依法懲治惡人是屬為民除害。金剛持達賴喇嘛與大皇帝一樣為皇天之下、大地之上，眾生之父母，給西域之眾生福利安樂。為授

---

86 《傳記稀奇珍寶鏈》上冊，第 255 頁。

權達賴喇嘛掌政教事務，特遣使帶去重禮，爾要喜納，並要尤當弘揚佛教，造福於眾生，為之勤奮。」[87]因此，木羊（1895）年八月八日，十三世達賴喇嘛親政大典在布達拉宮隆重舉行。

十三世達賴喇嘛親政後，駐藏大臣仍執行清廷的投降主義路線，拒絕支持抗英戰爭。尤其是瞻對事件發生後，使他與駐藏大臣之間的關係越來越緊張。此時，清廷不但不支持西藏民眾的侵略戰爭，還把隆吐山至崗巴宗以南的土地讓給英國侵略者，迫使達賴喇嘛尋求新的抗英道路。

土豬（1899）年，西藏發生一起預謀暗害達賴喇嘛的事件。對於這一事件，人們眾說紛紜，有的認為純屬加罪無辜等等。但《十三世達賴喇嘛傳記》中有如下記載：「卸任第穆‧阿旺羅桑赤來饒傑雖曾受到施主大皇帝的重恩，聞其為政教事業做出了貢獻。但是，近來借丹吉林拉章的居心正直主持長老去世之機，勾結其侄兒羅布次仁和頓丹等傳承人，對達賴親政表示不滿，企圖將達賴謀害殺死，篡位攝政。為了達到此目的，將達賴出生年月日，寫在符咒上面，埋在布達拉宮四周，桑耶寺之海布山上以及其他神地，進行詛咒。彼等又送達賴一雙靴子，在靴底裡面，縫了達賴出生年月日之符咒。當時達賴頓感不適，乃請求乃瓊降麻東益喜神，看出達賴靴底有可疑之處，拆開檢查，發現符咒。根據這一線索進行追查，遂逮捕羅布次仁和頓丹，該二犯因見證據確鑿，無可詭辯，全部供認不諱。此案發現後，噶廈召集三大寺及全體僧俗官員會議。會議一致決定對罪犯繩之以法，沒收丹吉林寺所有財產，令卸任第穆坐靜於丹吉林寺法苑。他未曾受過

---

87 同上，第 255-256 頁。

任何迫害，最後因病而死，時年四十五歲。」「有關這方面向皇上奏報和皇上指示等記在上師高僧傳錄和文書部記中。」[88]

事發後，西藏地方政府逐一懲治，除丹吉林寺扎倉之財產外，拉章的財產，以及乃東、昂仁墨竹工卡等所屬宗谿全部沒收歸政府，同時撤消第穆呼圖克圖之名號、職務，不准其今後重新擔任攝政之職。

第穆事件清楚地表明了當時西藏統治者尖銳、激烈的權力之爭。當時西藏地方政府與扎什倫布之間的矛盾也開始激化。西藏統治者之間接連出現的權力之爭給英國、沙俄等包藏禍心的敵人提供可乘之機，他們的魔掌進一步伸向了西藏。

四、沙俄魔掌伸向西藏

牙含章認為「達賴的聯俄，是在下述情勢下造成的：一方面是帝國主義兵臨藏邊，西藏的危亡迫在眉睫；另一方面是清朝政府向英帝屈服，不敢大力支持西藏人民進行反抗。在這樣的情況下，達賴想找別的外援，幫助他們抵抗英國侵略，因而當時上了沙俄帝國主義的當，錯誤地認為帝俄可以幫助西藏反抗英國。」[89]這一分析符合實情。達賴喇嘛聯俄的初衷是為了抗英，但後為受矇騙做了一些不利於中國統一的事情。

---

88 同上，第 258-259 頁。

89 牙含章：《達賴喇嘛傳》藏文版，第 399-340 頁。

沙俄早就有把中國西藏變成其殖民地的預謀。早在藏曆第十五繞迴水猴（1872）年，沙俄上校軍官普爾熱瓦爾斯基等人就經新疆北部進入西藏那曲。由於西藏地方政府和僧俗大眾的反對，他們被迫退回。這些侵略者與藏族群眾發生了多次衝突，打死藏族群眾三十餘人。火鼠（1876）年，西藏僧俗民眾再次阻止沙俄間諜入藏。當時，清廷要求西藏地方准俄國官員入藏遊歷。而西藏攝政等聯名上書，表示「大眾一再要求不僅不讓洋人進出，連信件也不讓通行的情況下，今日許俄國人進藏，不僅違背公立誓詞，還引起與鄰國之間的通行往來糾紛，對邊境造成不利因素。對佛教將帶來什麼惡果難以預測。因此，俄國人不管到何地，都將進行阻擋。此事謹請漢藏雙方從速磋商。同時，僧俗大眾向呼圖克圖，全體噶倫和駐藏大臣呈送了手印稟文，要求駐藏大臣以全藏佛教、政務為重，代奏總理衙門拒發俄國間諜進入西藏之護照。」這一記載表明，西藏地方政府和全體僧俗民眾不僅堅決反對俄國間諜進入西藏，甚至對與其通商、通信予以堅決抵制。

　　在此情況下，沙俄開始尋找其他渠道來達到其侵略西藏的目的。首先，他們企圖通過哲布尊丹巴來誘騙達賴喇嘛，而且又假裝虔誠的信徒出資修復寺廟，給僧眾以物質上的大力支持，當時外蒙部分地區的二百多人來西藏，剃髮進了三大寺和扎什倫布寺。其中有一個叫多吉也夫的人，蒙古名字叫多吉依，到西藏後改名叫羅桑阿旺，即人稱「德爾」的俄國特務。根據沙俄情報機構的布置，多吉依對達賴喇嘛講：「中國是您的主人，但它現在變成空了心的禾秸，已被英國所征服。因此不能依賴中國，而英國心狠手毒，又信奉耶穌教，因此，不會景仰您的教，甚至會滅除西藏的佛教傳承。而俄國的勢力在天下無

敵，如能聯俄，不僅能克制英人，俄皇也能改信你的教，全俄人民會拜在觀音菩薩門下，成為佛教信徒。」當時達賴向清朝中央多次請求財力援助，增撥武器，但都遭到拒絕。由於西藏人民抗英的愛國行動沒有得到支持，加之清朝本身已處在山窮水盡的境地，達賴喇嘛對多吉依所言信以為真，並準備背著噶廈和僧俗官員祕密前往俄羅斯。在噶廈、僧俗官員、三大寺的力阻下，達賴未能起程。土豬（1899）年，多吉依再度前往俄國，並受到俄皇的召見。當時國外報紙報導：「達賴喇嘛派往俄羅斯的使者受到隆重的歡迎。使者為多吉依，他此行目的是加強與俄羅斯的親密關係。他向俄皇遞交了達賴喇嘛的親筆信，贈送了各種土特產品。他還帶有與俄羅斯商定在首都聖彼得堡設立西藏使館的使命。」另外一些報紙還報導說「在達賴喇嘛看來爭取同俄羅斯建立親密關係是適時的。其時唯有強大的俄羅斯才能夠挫敗英國的陰謀。」英帝獲悉達賴赴俄後十分惱火，聲稱：「達賴拒我總督之通款，對我總督無禮至此，公然派使節到俄方，我方還未知曉談判結果如何，但對一切傾向於變更或擾亂西藏現狀之行為，不能緘默不問。」多吉依自俄返藏後，向達賴呈送了俄皇的信件等，並對達賴說，關於俄國派專人到西藏之事需細商等等。不久，達賴又派多吉依等西藏官員前往俄國。他們抵達俄國後，受到俄皇接見。鐵牛（1901）年，多吉依等一行回到拉薩後，向達賴報告了親王長駐拉薩，加強雙邊關係等與俄方談判的條款和西藏代表草擬的關於「俄國（在藏）開發工業；與南邊鄰國發生事端時俄國將給予幫助；俄國幫助在中亞西亞各國中傳播佛教」等為內容的俄國與西藏之間的條約。達賴蓋印批准了這些條款，但被西藏地方政府拒絕。噶廈怕惹怒達賴，多次進行說明，也為緩和矛盾，派多吉依再一次赴俄羅斯籌集武器，籌集到的武器收存在羅布林卡。

與此同時，英帝借檢查邊境為由，派兵侵占了崗巴宗，為進一步武裝侵略作準備。並聲稱英藏之親密關係勝過俄藏關係，俄若在西藏有所舉動，則英國決不退讓。俄國雖企圖控制西藏，但當時日俄關係日趨緊張，抽不出力量對付英國，最終不得不作出讓步。

五、西藏各族人民抵抗英國侵略軍的第二次戰爭

達賴喇嘛親政後，堅持抗英路線，從而加劇了西藏地方政府與駐藏大臣之間的矛盾。英人則利用這一矛盾加緊對西藏的侵略，由懷特率領二百多名英兵入侵崗巴宗所屬甲崗地方，搶去了藏族牧民的羊五千餘隻，牛六百頭。土豬（1899）年，英印總督託人先後給達賴喇嘛帶來兩封信，要求與他討論西藏的邊界問題和英藏通商之事。但達賴以沒有清朝中央政府允准，自己無權與外國人通信為由，原函退回。但是，清朝政府卻不能理直氣壯地對待西藏問題，而通過英國駐錫金官員柏爾與英國政府聯繫，表示講和的意願。柏爾於水虎（1902）年五月二十六日，致書駐藏大臣轉報英國對西藏問題提出的意見，主要內容如下：

（一）印政府因見華官無權，不能整治西藏，擬與有權之藏官重訂約章，以後華官無治理西藏之權。

（二）西藏政府倘不派員與之商議，彼意乘機入藏，代為治理。

（三）恐俄國亦由北面進兵，南印北俄，兩面夾攻，強令西藏為

自主，與高麗同等。

（四）貴大臣須速與達賴喇嘛商議，簡派幹員，給予全權，隨同華官辦理，勿使藏官聯絡外人，私訂密約。[90]

以上幾條不僅暴露了英帝侵占西藏的野心，而且還反映了清中央政府的軟弱無能。

此後，英帝國主義在邊境擅立界碑，西藏民眾義憤無比，砸毀了界碑。英人遂顛倒黑白，說藏軍越界，違背了約章等。土兔（1903）年，英政府提出在藏錫邊境進行談判，解決邊界問題。同年三月十七日，清廷委派駐藏幫辦三品知府何光燮等四名代表前往。當時，英人榮赫鵬和懷特事先未與西藏方面取得連繫，就以代表名義率二百多名士兵越過邊界，直入崗巴宗。他們不僅不理西藏官員的阻攔，還毆打宗本（縣長）。噶廈接報後回覆「藏曆三月，英政府來函要求派頂事幹員到崗巴宗與錫金疆界處商討英藏邊界和通商之事，現已特派去駐藏代表。他們主要使命是在崗巴宗與錫金接壤的地主會晤英方，爭取和談解決爭端，不過敵人政治上詭計多端，今後使出什麼伎倆還難以預料。崗巴宗屬於扎什倫布寺拉章莊園，相信委派有得力的宗堆，宗堆應與和談磋商，鼎力相助，善於運用機關，確保崗巴宗不受侵擾。」扎什倫布拉章接到回覆後，立即召集僧俗官員會議，共商對策。會議決定派阿欽堪布卓旺活佛等前去勸說英軍撤退。清中央政府和西藏地方政府的代表一到崗巴宗便與英方交涉，並提出按原定的地點，談判只能在亞東舉行，不能在崗巴舉行的要求，而英方不但拒絕

---

90 牙含章：《達賴喇嘛傳》，人民出版社 1984 年版，第 160 頁。

理睬，還催促清朝政府高級官員前去和談。於是，軟弱無能的清政府派駐藏大臣裕鋼親赴崗巴宗與英方進行和談，防止發生武裝沖突。但是，西藏地方政府和三大寺的代表認為，「原先雖在隆吐山戰敗，但元氣可以恢復，可駐藏大臣反對抗英，結果失去了大片領土。如果駐藏大臣這次再度反對的話，那將會誤大事的。」因此，不同意駐藏大臣赴崗巴宗議和。駐藏大臣裕鋼出於無奈，請求辭去職務，清朝即委任有泰為駐藏大臣。

當時，以噶倫夏扎為首的噶廈主張同英國和談，反對武裝抵抗。這事惹怒了達賴，遂罷免他們的官職並監禁在羅布林卡，單獨審理。

藏曆水兔（1903）年十月，英國狡稱和談解決邊界問題，卻派兩名錫金人潛入日喀則地區偵察。這兩人被當地官員抓獲。英人榮赫鵬得知此消息後，無理地要求在十天內釋放兩名特務，並索要二千英鎊的賠償費。這種無理要求被西藏地方政府和三大寺拒絕後，英軍從崗巴宗搶去二百多頭牛及大量財物，還聲稱：不能和談解決邊界問題的責任完全在西藏地方政府，並以武力相威脅。

此時，西藏地方政府為了抗擊侵略者，向民眾發布了服兵役的布告：

「……雖正在進行商談，雙方是否能和睦傾聽，是很困難的。倘仍無理要求，吾等必獻身於世間安樂的基礎——佛教，只縮手等待，是決不可能的。應遵照西藏共同簽訂的協議所規定的，起來回擊其無理的舉動。為此，除在土鼠年所頒布的布告中所減輕的貴族差、兵役差、貧民差、及鐵兔年考察後頒布的減差條例之外，凡屬政府、貴族、寺院之牧區，每個差民中派一名服兵役，此外，各地區之人名年

齡等，均須寫成新的名冊。遵照以往支兵差的辦法或規例，把已列入新名冊中的人，必須是各戶之人，送來此處。」[91]

一九〇三年十一月，英帝組織了錫克人的步兵一千四百多人，廓爾喀人的步兵七百名和騎兵一百名，另加砲兵、機槍縱隊等組成的一支部隊，總人數達一萬多，其中英軍人數為一百多人。這支由英國軍官麥克唐納、榮赫鵬率領的軍隊於十二月十日集中在納塘，然後越過札來拉山，向亞東等地推進。此時來自藏區各地的民兵和志願兵約三千多人陸續抵達帕裡，準備迎擊侵略者。但是，清中央政府命令駐藏大臣有泰與西藏地方政府派代表同英方會談。由於西藏志眾抗英的情緒十分高漲，駐藏大臣有泰沒敢與英方商談。英軍占領帕裡之後，得知曲眉仙果、多慶、恰魯等地駐紮有大批藏軍增援部隊的情況後，就改變策略於木龍（1904）年正月十五日早晨給藏軍送去一封信。信中假惺惺地提出：「到目前為目，藏英之間已多次舉行會晤，因藏方未派掌有大權之文武官員參加會談，致使會談無結果。現在我們願意同你方有權之官員會面，在此地解決有關糾紛問題，我們期待著英藏和談人員儘早會聚。」由於西藏官兵缺乏經驗，加之一切大事都按照神、活佛旨意去辦理緣故，上了英軍的圈套，同意了談判的要求。英軍則推進到曲眉仙果。藏軍代本拉頂色、朗色林巴等和班禪大師代表、三大寺代表等決定爭取和平，解決英藏糾紛，如和談不能奏效，就英勇阻擊來犯者，並命令全體官兵分守戰壕，點燃土槍的火繩，準備好刀、矛等武器。當時，代本拉頂色等藏方代表和榮赫鵬為首的英方代表會合在曲眉仙果中央一處石堆牆內。英國軍官榮赫鵬提出，既

---

91 牙含章：《達賴喇嘛傳》，人民出版社 1984 年版，第 163 頁。

然要議和，應有和談的條件。所以，藏軍要熄滅火槍的點火繩，英軍也將子彈退出槍膛。藏軍未能識破敵人的陰謀，率先將土槍點火的火繩熄滅。可陰險凶狠的侵略軍則暗地裡把部隊埋伏在藏軍周圍。當和談進行到十五分鐘時，英軍突然向拉頂色等藏方代表開槍。藏軍倉促應戰，但英軍用機槍等從四面八方向藏軍射擊，英勇頑強的藏軍猶如斷手攀懸崖奈何不得。在這場大屠殺中，藏軍死傷代本拉頂色、朗色林巴等官兵一千四百餘人。而英軍除上校軍官布萊頓失去一支胳膊，上校軍官頓勞和記者身受重傷，死傷三十多名士兵而已。

在曲眉仙果藏軍慘敗的主要原因是：①英軍施毒計，搞突然襲擊；②清朝政府執行投降主義路線，沒有支持西藏人民的抗英斗爭；③西藏統治集團內部矛盾重重，故不能集中力量地去抗故；④藏軍沒有戰爭經驗，裝備又落後等。在這次戰役中藏軍雖然慘敗，但受到一次血的洗禮，更增強了誓死抗擊英國侵略軍的決心。西藏地方政府也向全體僧俗民眾發出動員令，徵集民兵、差徭兵、僧兵共一萬六千多人，派往江孜、日喀則等軍事要塞。

英軍繼續向江孜進犯途中，焚燒搶掠強林、古崩等許多寺廟和群眾的財物。當英軍到達位於康瑪爾西南山後的雪朗寺時，代本齋林巴和然巴率部在深夜偷襲了英軍營地，殺傷英軍六十餘名，繳獲了幾支手槍。藏軍還在雜昌地方的山上修築戰壕，準備痛殲英軍，但因士兵槍走火，被英軍發現。藏軍依託有利的地形，給英軍造成了一定的傷亡，但沒有擋住敵人的進攻。英軍繼續向江孜推進，占領了乃寧寺，並在寺院中住了下來。藏軍通過詳細謀劃，夜襲乃寧寺，英軍死傷慘重，寺院裡至今還能看到敵人的污血。此後，英軍陸續派增援部隊，占領江孜，搶去大批糧食和火藥，拆毀江孜宗的大部分房屋。此後，

藏軍又抓住時機，襲擊了侵略軍設在年楚河邊江洛林卡的軍營。英軍驚慌萬分，有的被迫跳入河中，有的被殺，軍官榮赫鵬率四十餘名殘兵倉皇逃往曲比頗章。當時流傳著這樣一首民歌：「山雞逃回山上，洋人跳入河中；驍勇善戰的藏軍，把洋人剁成兩半。」惱羞成怒的英國人派出了一支配有大砲、機槍等精良武器的部隊前來增援。他們一到江孜便向藏軍發動了進攻，占領了帕拉村和江洛林卡，對江孜宗形成合圍之勢。前線總指揮宇妥向噶廈詳細報告了乃寧寺、江孜紫金寺淪陷及江孜宗處在危機之中的情況，噶廈即與駐藏大臣有泰磋商如何進行抗英之事，但有泰卻說：「皇上有旨，藏英問題，只能通過和平談判的方式解決，不能訴諸武力。目前我的身體欠佳，待我康復之後，親赴江孜與英人談判。」達賴喇嘛也認為藏軍裝備落後，抵抗起來困難重重，還是應以和談來阻止英軍進犯。他向噶倫宇妥等發出進行和談的信函，但前線統帥們未接到命令。五月七日凌晨，英軍在炮火的掩護下，向江孜宗發起進攻。五千餘名藏軍用土槍、長矛等原始武器進行了頑強的抵抗。英軍先是用大砲猛轟宗城堡，而後由步兵多次攻打，藏軍則用土槍、大刀、長矛、弓箭等一次次擊退敵人的進攻，有時還下山夜襲英軍營地。山上的水喝乾了，生活陷入了極其困難的境地，但藏軍絲毫沒有動搖，乘夜從山下提污水喝，有的甚至喝自己的尿。不幸的是後因火藥庫失火，敵人乘機占領宗城堡。英軍占領江孜後，於木龍（1904）年五月向拉薩推進。藏軍及民兵們按照總指揮的佈防，在各路口要塞修築堡壘戰壕進行抵抗，但都告失敗。六月十二日，英國侵略軍逼近曲水橋，達賴喇嘛從羅布林卡遷移到布達拉宮，於十三日召甘丹赤巴羅桑堅贊到布達拉宮，面諭道：「……現在英軍逼近拉薩之時，我還拿不出定見，將貽誤政教大業。因此，我擬經漢區和蒙古前往北京，親見慈禧太后和光緒皇帝，為求存西藏之

政教大業而克服萬難，竭盡全力。」同時向噶廈、仲孜、各僧俗官員宣佈了由甘丹赤巴代理攝政的決定。六月十五日深夜，達賴喇嘛率少數隨從祕密離開布達拉宮。

英國侵略軍到拉薩後，駐藏大臣有泰送去了大量的麵粉和肉食。但是，西藏地方政府與英軍之間的關係仍在僵持之中。英軍到拉薩後，以列隊練兵為名，多次威懾西藏民眾，但西藏人民也決不屈服。在英軍重兵佈防的拉也發生了藏族僧人隻身刺殺英國軍官的事件。人民的反抗浪潮此起彼伏。他們散發傳單，張貼標語，不賣給英軍肉、菜、柴、草等，噶廈的不少員都不和英軍來往。英軍見廣大僧俗民眾如此憎恨他們，加之天氣寒冷，水土不服等各種原因，就向駐藏大臣有泰提出了立刻訂立條約的要求。噶廈最終在英國人軟硬兼施的威逼下，不得不於木龍（1904）年九月四日簽訂了所謂《拉薩條約》，但清朝政府拒絕承認這個非法條約。總之，這次抗英鬥爭雖以失敗告終，但西藏的僧俗人民靠土槍、矛、刀、弓箭、拋石鞭等武器與配有大砲、機槍等現代化武器的英國侵略軍進行英勇頑強的鬥爭，為捍衛中國的邊疆而捨身忘死，前赴後繼的英雄業績永垂史冊。

六、張蔭棠查辦藏事

藏曆火馬年（1906）年，清中央政府的全權代表唐紹儀與英國的全權代表薩道義又在北京舉行談判。談判在西藏地方政府償付英國軍費的數目及限定的時間等問題上展開了激烈的爭論。經過磋商，拉薩條約有了重大修改。雙方在此條約的基礎上簽署了有關西藏問題的

《北京條約》，共六條。條約規定英國無權干涉中國西藏的內政，除清中央政府外，任何國家沒有在西藏修築鐵路、公路、架設通訊設施，開採礦石等權力。這時張蔭棠給外務部發了一個電報，提出了新的治藏政策。該電報稱：「……竊思藏地東西七千餘裡，南北五千餘裡，為川滇秦隴四省屏蔽，設有疏虞，不獨四省防無虛日，其關係大局實有不堪設想者。且各省辦理邊防，均有重兵鎮守，西藏密邇印度，邊患交涉與行省不同，其危險情形尤與上年不同，誠如當局所謂整頓西藏有刻不容緩之勢矣。惟整頓西藏，非收政權不可，欲收政權非用兵力不可，……擬請奏簡貴冑，總制全藏，並派知兵大員，統精兵二萬人，迅速由川入藏，分駐要隘，以救目前之急，俟大局穩定，陸續添練番兵，再行逐年遞減漢兵額數，此後常年駐藏漢兵約需五千，即足以資彈壓。一面將達賴班禪優加封號，尊為藏中教主，所有內政外交以及一切新政，由國家簡員經理，恩威並用，使藏人實信國家權力，深有可待，則倚伏之心益堅，又何敢再萌異志？況英人亦視我在藏兵力之強弱，能否治藏以為因應，我能自治，外人無隙可乘，自泯覬覦之心。」[92]

張蔭棠提出的治藏政策因符合清政府的願望，基本被採納。他本人被提升為副都統，並派去查辦藏事。火馬（1906）年十月十二日，張蔭棠到達拉薩。他抵拉薩後了解到西藏民眾對駐藏大臣有泰等諂媚英人，欺壓百姓，貪污公物、收受賄賂等劣跡不僅恨之入骨，還有違抗清中央政府傾向的情況後，為了安撫僧俗官員及西藏人民，鞏固中央政府對西藏的統治，將有泰等漢藏官員不支持西藏人民抗英鬥爭，

---

92 牙含章：《達賴喇嘛傳》，人民出版社 1984 年版，第 189 頁。

諂媚英軍，玩忽職守，貽誤事機，侵吞公物，假造帳目，收受賄賂，任人唯親，道德敗壞等罪惡行徑稟報清廷。是年十一月二十九日，清中央政府發布了對有泰等官員革職處分的命令，張蔭棠遵旨革去有泰等人的職務，並繩之以法。此舉贏得了西藏人民的歡迎和擁護，人們稱讚張蔭棠為歷任駐藏大臣中最具秉公之心的官員。

張蔭棠還向清廷提出了十九條改良西藏政治、經濟的措施，這些措施多被採納，成為新的治藏綱領。此後，根據這一綱領，設立了交涉、督練、鹽茶、財政、交通、工商、學務、農務、巡警等九大機構。這些新設立的機構，特別是農務、鹽茶等局給西藏的財政工作帶來了極大的便利，一直延續到一九五九年。

張蔭棠還把《訓俗淺言》和《藏俗改良》等兩本小冊子譯成藏文，散發各地，人們普遍稱之為欽差訓育。張蔭棠在這兩本冊子中提出了如下主張：「君臣有義」、「夫婦有別」、「人死宜用棺木」、「兒童七八歲時宜教識漢字」、「喇嘛白晝不必誦經，宜兼做農工商業以生財，不可望人布施」、「西藏宜遵用大清正朔」等等，強迫藏人改變習俗、思想意識。張蔭棠提出的所謂「收回政權」，實際上是將達賴喇嘛和西藏地方政府的所有權力歸駐藏大臣掌握。西藏的僧俗官員和民眾並不同意張蔭棠提出的有關「漢化藏族」、「干涉宗教活動」等主張，甚至其主張中的積極部分，也因與西藏上層的利益相矛盾，沒有得到徹底執行。他在解決噶廈與扎什倫布之間的關係問題上也沒有取得進展。

但是，張蔭棠是受先進的變法維新思想影響的官員，他提出的發展工商事業、開發礦產、便利交通、發展教育等主張及措施對西藏事

業起到了積極作用，因而受到藏族人民的稱讚。他帶進的花種，被人們取名為「張大人」花，至今開放在西藏各地，成為這位大臣業績的紀念物。

七、達賴喇嘛逃亡外蒙，入京朝見慈禧太后和光緒皇帝

藏曆第十五繞迴木龍（1904）年十月二十日，十三世達賴喇嘛一行經過長途跋涉，接近外蒙古大庫倫時，當地民眾身穿節日盛裝，前來歡迎。達賴喇嘛等被迎請到四大王爺準備好的大庫倫寺嘎丹尼偉殿大寶座升座，接受欽差大臣、哲布尊丹活佛、大庫倫寺的僧人代表等依次敬獻的哈達、三佛田等禮品。

清朝光緒皇帝和慈禧太后特派一位大臣慰問達賴喇嘛，獻上標有吉祥龍云圖案的衣服及哈達。達賴喇嘛從坐墊上站起，面朝北京方向行九叩禮，將一封感謝皇上和皇太宏恩的信函及內庫黃色哈達一條、一尊釋迦佛像等委託敬獻。

藏曆木龍（1905）年，達賴喇嘛住在蒙古，廣傳佛教，功德遍及各地，信徒無不敬仰，敬奉供物難以數清。次年，達賴喇嘛按照清廷的安排，先至西寧，在塔爾寺停留一年餘。而後從西寧起程，途經蘭州、西安等地到五臺山朝拜。達賴抵達五臺山的消息傳出後，德國、日本、俄羅斯等國的官員和一些信徒均前往拜見。

藏曆土猴（1908）年七月二十七日，達賴喇嘛遵照皇上和太后通

過軍機大臣和山西巡撫發出的邀請，從五臺山起程，前往北京。臨別時五臺山札薩、官員、寺廟執事等舉行了隆重的歡送儀式。八月三日達賴喇嘛等抵達北京前門火車站時，清朝中央的文武官員、各寺僧人以及列隊的軍人等迎候在車站。達賴喇嘛在歡迎人群的簇擁下乘轎子前往黃寺。原定八月六日皇上接見達賴喇嘛，但因在達賴晉見光緒皇帝和慈禧太后的禮節問題上，出現了一些問題，朝見日期一再推遲，到二十日才被召見。那天達賴喇嘛乘著大轎，在騎馬隨從的陪同下，迎著道路兩旁列隊歡迎的軍人、官員、虔誠的信徒來到了文史齋東側的宮門，下轎入紫禁城。慈禧太后已在長壽殿恭候達賴喇嘛，達賴喇嘛由御前大臣、軍機大臣等五百多名官員引見慈禧。之後達賴喇嘛等晉見了皇上，並進行了會議。當時達賴喇嘛曾向皇太后和光緒皇帝提出：西藏事務重大，事事均通過駐藏大臣，每多誤事。今後遇事可否直接向清朝皇帝上奏，毋需通過駐藏大臣，如此對漢藏雙方同心協力保護藏地將有裨益。可是沒有得到答覆。後來，理藩部書面通知他：「……所有事務，勿庸直接奏明皇帝，具報駐藏大臣請其代奏。」[93]由此，十三世達賴喇嘛對清中央政府感到非常失望，不久，光緒皇帝和慈禧太后相繼去世。西元一九〇八年十月，宣統皇帝登基，清統治者之間的矛盾加劇。此時噶廈又派人敦請達賴喇嘛早日回藏。土猴（1908）年十月，經清朝政府的批准，達賴喇嘛一行從北京起程踏上了返藏征途。

翌年八月二日，達賴喇嘛一行到達西藏那曲，九世班禪、駐藏大臣代表以及僧俗民眾前來歡迎。九世班禪和珠康活佛向達賴敬獻了哈

---

93 牙含章：《達賴喇嘛傳》，人民出版社 1984 年版，第 216 頁。

達和曼遮，然後舉行噶卓宴會，慶祝達賴喇嘛順利返回西藏。達賴喇嘛在外蒙古和北京停留期間，西藏的局勢已發生了很大變化。

如張蔭棠入藏後整頓西藏事務，提出治藏政策十九條，要收回政權，要求藏人接受漢族的語文和風俗習慣等與清朝政府歷來政策相悖的做法。聯豫繼任駐藏大臣後，基本上沿襲了張蔭棠的新治藏政策。與此同時，趙爾豐在打箭爐、理塘、巴塘等藏族地區用武力推行改土歸流政策。使藏漢民族間矛盾加劇。而後，清朝政府還任命趙爾豐為駐藏大臣，兼川滇邊務大臣，並從四川陸軍中挑選精兵二千人，由陸軍統領鐘穎率領於土雞年（1909）六月自成都出發，取道昌都，向拉薩挺進。至此，清朝政府與西藏地方上層的關係更加對立，造成了外國人幹涉西藏內政的新藉口。由於上述原因，達賴喇嘛向清中央政府提出了撤回川軍的要求。藏曆土雞（1909）年九月十二日，達賴喇嘛一行自那曲起程，由當雄、熱振寺、達隆寺前往拉薩，十月三十日抵達拉薩郊外。駐藏大臣聯豫前去迎接，據說當時達賴根據要本沒有理睬他。聯豫憤甚，即稱達賴喇嘛私運俄國軍械，親自率人赴布達拉宮搜查，一無所得。他又派人往那曲檢驗達賴的行李，搜查殆遍，也未見槍械，而達賴行李中的東西卻丟失了很多。於是，達賴喇嘛下令停止向駐藏大臣衙門提供糧食、柴草等，雙方的關係如水火而不相容。

一九一〇年二月，川軍繼續向拉薩挺進。噶廈組織了藏軍和民兵進行阻擊，但被擊潰。川軍逼近拉薩的消息傳來，達賴喇嘛主動邀請駐藏幫辦大臣溫宗堯前往布達拉宮面談。達賴允將阻擊川軍的士兵立刻撤回；仍尊重駐藏大臣；一切供應照常等。幫辦大臣溫宗堯亦允諾川兵到日，維持社會安寧秩序，不至騷擾地方；達賴固有的教權，不加侵害；決不殺害喇嘛；諸事均和平處理等。但是，沒想到川軍一抵

拉薩，前往迎接的聯豫衛隊便開槍打死一巡警，並向拉薩傳昭大法會的總管彭康臺吉開槍，並捉拿臺吉；彭康臺吉的助手和僕人也被開槍打死。川軍還向布達拉宮等處開槍，一時全城大亂，達賴喇嘛處境艱難。

八、十三世達賴喇嘛逃往印度

　　川軍抵拉薩後，城內秩序大亂，直接危及達賴喇嘛的安全。因此，西藏地方政府的主要僧俗官員商議後，希望達賴喇嘛暫往他處避難。當達賴喇嘛見到駐藏大臣衙門送來的一份文書稱「只保留教務權力」後，也清楚地認識到自己的境遇，便想經印度從海路前往北京向皇帝陳奏事情原由。當天下午，他召見甘丹赤巴策墨林呼圖克圖，命他擔任攝政，代理政教事務。黎明時分，達賴喇嘛一行離開了拉薩。達賴喇嘛等抵達亞東後，上書清朝政府要求和平解決西藏問題，但沒有收到任何答覆。由於受到川軍的追擊，達賴無法繼續待在亞東。當時英人麥克唐納等玩弄種種手段，把達賴喇嘛誘至噶倫堡，在當地住了七天。這時，清中央政府革去十三世達賴喇嘛名號，擬另尋新靈童的消息傳來，達賴喇嘛擔心如再去北京面陳，不會有什麼好結果，就接受英國人柏爾的邀請前往印度的大吉嶺，並進行了祕密會談。這期間，英印政府借保護達賴喇嘛為由，極力唆使西藏脫離中國。達賴喇嘛被革去名號一事，受到佛教信徒的一致反對，加之達賴喇嘛久住國外存在著與外國訂立條約等預想不到的惡果出現。因此，清朝政府為了爭取他，著手改正了一些錯誤做法。如將趙爾豐調為四川總督；派人到印度勸達賴喇嘛回藏等，但沒有取得實際效果。

辛亥（1911）年秋季，孫中山先生領導的資產階級革命推翻了統治中國達幾千年的封建統治，中國大地上燃燒著革命的烈火。當內地革命消息傳來，駐藏川軍以「勤王」為名，向西藏地方政府勒索餉銀十萬兩，牛馬五千匹。西藏地方政府被迫交銀六萬兩及牛馬等。但是，川軍不守信諾，反而大肆淫賭，擄掠婦女，搶劫商賈，焚燒房屋，引起西藏民眾的堅決反對。此時駐亞東的川軍也相繼嘩變。這時，印總督木鹿拉特前來大吉嶺，拜會達賴，就英國與西藏地方政府之間的有關問題進行了長時間的密談。此後，達賴喇嘛特派親信達桑扎堆前往西藏，組織藏軍與川軍作戰。達賴喇嘛在帝國主義的唆使下，政治觀點有了較大的變化，想乘國內興起的革命，將西藏從中國分離出來。他從堅決反對英國轉為想借英國的勢力反對清中央政府；從依靠俄國驅逐英軍變為藉助俄國來實現西藏獨立等，做了一些不利於中國統一的事情。

　　辛亥（1911）年，達賴喇嘛曾致函俄國皇帝尼古拉二世，希望給予援助。俄皇覆信表示對西藏的愛護之心一如既往，並聲稱正與英國進行磋商，一定很快實現平定動亂的願望等，對達賴喇嘛極盡挑唆之能事。這時，西藏不少地方發生了反對川軍的事件，川軍內部的矛盾也在加劇。拉薩的部分川軍由謝國梁統率，和達桑占堆的民兵站在一起，與川軍統領鐘穎部作戰。西藏地方政府的噶倫察絨・旺秋傑布等人則大力支持川軍，形勢變得十分複雜。川藏兩軍相持數月，使拉薩的漢藏人民遭受了很大的痛苦。其時，拉薩出現藏軍占領太蚌崗、朗色林、頓孜蘇、拉讓寧巴、松曲熱瓦、魯布大門等以北街巷，而川軍占領其南面，相互對峙的局面。最後，川軍因內部不和，加之後勤供應跟不上等內外原因而慘敗。

水鼠（1912）年，五月十日，達賴喇嘛一行自噶倫堡啟程返藏。
在到達桑頂寺後，達賴喇嘛接到駐藏大臣聯豫的文書，內稱，為和平
解決漢藏事端，請他派代表來拉薩談判。為此，達賴喇嘛派倫欽強
金・欽饒白桑等三名代表前往。川藏雙方通過和談，簽訂了除駐藏大
臣等官員的少數侍衛外，川軍經印度遣返。除駐藏大臣及侍衛必須的
武器外，其他武器封存於西藏地方政府的武器庫的議定書。此後，拉
薩的動亂逐漸平息。八月二十九日，達賴喇嘛從桑頂寺啟程，於十二
月十六日到達拉薩。達賴喇嘛回到拉薩之後，西藏統治者之間的矛盾
變得更加尖銳複雜。達賴喇嘛與班禪大師之間的關係不斷惡化，他還
沒收了支持過川軍的丹吉林培養的所有財產，該寺僧俗亦被遣返。達
賴喇嘛還將在反對川軍的戰爭中有功的達桑占堆任命為藏軍總司令。
攝政甘丹赤巴策墨林也被賜與許多莊園，色拉寺拉基被委任為達木八
旗總管，甘丹寺拉基則任錯那宗宗本。

　　值得一提的是，十三世達賴喇嘛返藏後，曾召開宗谿以上的僧俗
官員會議，徵求大家對今後的內政外交、軍事、政治等方面的意見。
會議經過反覆討論，大部分僧俗官員只是不贊成清朝推行的治藏政
策，並沒有使西藏脫離中國版圖的想法。但是，英、俄帝國主義則千
方百計玩弄花招，想使「西藏獨立」成為現實。

九、關於西姆拉會議

　　西姆拉會議於水牛（1913）年十月十三日在印度北部的西姆拉召
開。這次會議是英帝國主義干涉中國內政，推行使西藏脫離中國的分

裂陰謀的產物。其時，中國中央政府的代表為駐藏宣撫使陳貽范、副代表為副宣撫使王海平；英國代表為英印政府外務大臣麥克馬洪、副代表為前駐華公使羅斯、顧問為英駐錫金政治官柏爾；西藏地方政府的代表為倫欽夏扎‧班覺多吉等。這次會議召開之間，英國駐錫金的官員柏爾在江孜與倫欽夏扎‧班覺多吉多次舉行祕密會談，授意其蒐集對付中央政府的各種材料。柏爾承認：「當中國全權代表逗留中國之時，吾於江孜遇倫欽廈扎，彼方自拉薩起程為西藏全權大使赴印度會議……吾勸其蒐集所有關於昔日中藏交涉以及陸續為中國占領，而西藏現今要求歸還之各州縣等項之文牘，攜之赴會。」[94]

　　這次會議完全被麥克馬洪所控制。會議一開始，倫欽夏扎‧班覺多吉按照事先與英方祕密商妥的方案，提案提出六項無理要求。主要內容有：（一）西藏獨立。一九〇六年在北京簽訂之中英條約無效。（二）劃定中藏邊界。其界線盡括青海全部及川邊各地。（三）一八九三年暨一九〇八年之藏印通商章程由英藏修改，中國不得過問。（四）中國不得派員駐藏。華商無西藏所發護照，不准入境。（五）中蒙各處廟宇皆認達賴喇嘛為教主，由達賴委派喇嘛為住持，中蒙僧侶向以金錢布施藏中寺宇，以後一律照行。（六）中國勒收之瞻對（今四川甘孜州新龍縣）稅款及藏人所受損失一律繳還賠償。（《西藏問題》北洋政府外交部編，鉛印本）

　　這六條的要害在於企圖割斷西藏地方政府與中央政府的連繫，使西藏脫離中國。

---

94 《西藏地方歷史資料選輯》，第294頁，三聯書店1963年版。

當時，中國政府代表陳貽范針對西藏地方代表提出的提案，作了駁復，闡明了西藏為中國領土的理由，並提出七條方案，要點是：（一）西藏為中國領土之一部分。（二）中國可派駐藏長官駐所拉薩，所離之權利，與前相同，並有衛侍達二千六百名。（三）西藏外交及軍政事宜均應聽受中國中央政府批示而後行，非經由中中央政府不得與外國訂商。（四）西藏人民之以向漢而被監禁、產業被封者，西藏允一律釋放給還。（五）藏員所開之第五款可以商議。（六）前訂之通商條款如需修改，須由中英兩方面根據一九○六年中英條約第三款商議。（七）中國本部與西藏邊界於附圖內約略畫明。（《西藏問題》北洋政府外交部編，鉛印本）

由於雙方提案懸殊很大，遂轉入互相申辯駁述之非正式會談。而後，以調停人自居的麥克馬洪按照事先預謀，提出先就所謂中藏疆界等問題進行談判。一九一四年三月十一日，麥克馬洪在全體會議上拋出了一個所謂「調停約稿」十一條，想把青海、西康、甘肅、四川、雲南等地的蒙古族地區劃歸西藏，並劃成內藏兩大塊，把金沙江以西地區稱之為外藏，金沙江以東稱之為內藏，聲稱內藏各地區一切事務由漢藏共同管理，而外藏的大小事務均由西藏政府自行處理。這是明目張膽地讓西藏脫離中國的預謀，實質與夏扎的六條無異，以其「調停約稿」為條約草案，狡猾地對十一條稍作修改，然後逼陳貽范在草藥上籤字，否則即宣佈會議破裂，英國直接與西藏訂約。該草約的要點是：（一）西藏分為內藏外藏兩區；（二）承認中國對全藏之宗主權，但中國不得改西藏為行省，不派駐軍隊及文武官員（惟下（六）除外），不辦殖民，英國在藏亦不為此事，但仍保留商務委員及一定數量衛隊；（五）拉薩之西藏中央政府對內藏仍保留已有之權，包括

管理大多數寺院，任命各地方長官，但中國可向內藏派遣軍隊、官吏，或辦殖民；（六）中國仍派大臣駐拉薩；（七）允許江孜之英國商務委員赴拉薩解決在江孜不能解決之事。（《西藏問題》北洋政府外交部編，鉛印本）陳貽范害怕與英方決裂，被迫在草約上畫行，但聲明畫行與簽押，當截然為兩事；正式條約須經中國政府批准，如不認可，尚可作廢。這事在報刊上披露後，引起了全國各族人民的堅決反對。袁世凱在全國人民的壓力之下，也不敢批准該項條約，電令陳貽范不得簽字正約，陳貽范遵命根本沒有在正約上簽名。由於中國中央政府代表沒有簽字，因此，這個條約的非法性是一目了然的。它不僅是英藏之間祕密交易的非法條約，而且是英帝國主義者使西藏脫離中國版圖的有力罪證。

需要指出的是，在英帝國主義的策劃下，在會議期間，麥克馬洪與西藏地方的代表夏扎超出會議議程，背著中國中央政府代表進行了一項見不得人的骯髒交易，搞了一條所謂「麥克馬洪線」將中印邊界東段的九萬平方公里中國領土劃給英國，換取英國進一步壓中國同意「西藏獨立」。這條非法的「麥克馬洪線」，連英國人也久久不敢公佈於眾，遭到了中國政府和世界上正直人士的一致譴責。

十、西藏地方的若干新政措施

十三世達賴喇嘛在中國內地以及印度等地，親眼目睹了現代社會的發展。他開始認識到要使西藏富強起來，就必須依靠現代化的科學技術、管理方法等，而不能光靠供神求佛。因此，著手實行一些新的

改良措施，以推動西藏各項事業的發展。藏曆木虎（1914）年，西藏地方政府對藏軍進行了改編和充實，邀請日本教練以及畢業於俄羅斯軍校的蒙古人，建立各式訓練軍營。同時擴建藏軍，委任噶倫擦絨‧達桑占堆為總指揮官。這支藏軍按藏文字母順序編成序列，並制定了軍旗、領導機構、軍紀等。藏軍每五百名任命一名代本，以下依次任命二名如本、四名甲本、二十名丁本、五十名久本。一些軍人還被派到江孜英國人設立的軍官學校學習。

為了解決武器來源問題，西藏新建了扎什機械廠。但由於技術的落後和原料的缺乏等原因，槍枝彈藥的數量和質量得不到保證。因此，後來機械廠被改為造幣廠。

為了在西藏建立電業、礦產業、郵政業等，西藏地方政府派強俄巴‧仁增多吉等四名年輕人到英國倫敦學習。他們回到西藏後，吉普‧旺堆羅布籌辦拉薩電報局，並任局長職務。門仲‧慶繞貢桑到拉薩北山採掘金礦，結果挖出了一個蛤蟆，眾人認為不祥，被迫停工。強俄巴‧仁增多吉則在雜朵底建造水力電廠，獲得成功。果卡爾‧索朗傑布回到西藏不久便死去。之後，也有人去印度留學，但對西藏建設事業沒有什麼影響。

藏曆火龍（1916）年九月，達賴喇嘛下令在拉薩丹吉林寺附近建立一所藏醫曆算學院，即「門孜康」，封哲蚌寺司藥欽繞羅布為孜仲大勒參。學員來自各地，著重學習藏醫曆算，治病救人，不分貴賤，為公益事業做出了許多貢獻。因此，藏醫院的名字時至今日也響遍各地。

當時，十三世達賴喇嘛對農林業和主要土特產羊毛貿易業的發

展，也給予了關注。藏曆水牛（1913）年頒布的「關於西藏全體僧俗民眾今後取捨」的第五條中規定，「今後，凡在共有荒山野川開荒造地，種植楊柳蒺藜，謀求福利的勤勞門戶，政府、貴族、寺院三方不得阻攔，並免徵三年差稅。三年過後按土地面積和收穫多寡，或徵稅、或租賃。在固定土地主人時，須官民雙方共同認可。」[95]這樣，勤勞的農戶可擺脫一定束縛，開荒造田，三年內免徵差稅。這對政府和百姓都有一定益處。羊毛是西藏最好的土特產。過去各地官員和商人聯手以低價購進羊毛，再轉手銷往印度，從中謀利。十三世達賴喇嘛為解決弊端，任命商貿官，以統一市價購進羊毛，然後批售給印度，使政府獲取更大的利潤。茶葉在藏民生活中不可或缺。當時由於交通不便，運輸茶葉遇到非常大的困難。為解決這一問題，西藏於水豬（1923）年在恰曲戎地方派人試種茶樹，但是，由於種種原因，試種工作半途而廢。

藏曆水豬（1923）年，為加強拉薩的社會秩序，新的警察局成立。一些重要路口設立了崗哨，還指派專人負責研究制定警察法規、機構及訓練方案等。藏曆水牛（1925）年，郵政局也宣佈成立。銀行也是在這期間成立的，它對西藏的幣製作了一些改革。在這以前西藏通行各種章卡。西藏地方政府對藏幣實行改革後，印製發行了紙、金、銀、銅幣等。

為解決上述擴軍、建立工廠、郵政、學校、銀行等所需財政開支，西藏地方對羊毛、食鹽、皮革等實行了新的徵稅制度。新稅制引起了噶廈與寺廟之間，特別是與班禪屬下扎什倫布寺之間的關係更趨

---

95 《西藏文史資料選輯》第十一輯，第 217-218 頁。

惡化。因為自清朝起，班禪轄區的寺院、貴族等儘管占有大片的土地和牧場，但只給扎什倫布寺交稅。現在，噶廈實行的新稅制度侵害了其利益，因而引起不滿情緒。噶廈為了使班禪轄區同其他地區一樣服從統治，於藏曆木虎（1914）年，在日喀則增設後藏總管，管理班禪所轄宗谿，徵收羊毛、皮革、食鹽等稅款，並於鐵雞（1921）年新建軍餉局，下令扎什倫布寺每年交納一萬克青稞，作為軍餉，致使西藏地方政府與扎什倫布寺之間的矛盾日趨惡化。藏曆水豬（1923）年十一月十五日夜，九世班禪一行被迫出走中國內地。

當時西藏地方政府同所轄寺廟、貴族之間的矛盾日漸增大，特別是由於恢復司倫一職削弱了噶廈的權力，使達賴喇嘛與噶廈的關係也出現裂痕。這時西康地區藏軍與川軍的衝突也時有發生。總之，當時西藏內外形勢非常錯綜複雜。英國為了乘機使西藏脫離中國，重派柏爾到西藏，鼓動親英分子，建立祕密組織，陰謀推翻達賴喇嘛政權。參加該組織的成員大部分是從江孜英軍學校畢業的藏軍官員。他們在擦絨‧達桑占堆家召開祕密會議，細商如何奪取政權等事宜，並立盟發誓。達賴得知此事後，及時罷免了擦絨‧達桑占堆的藏軍總司令職務。為全面控制軍隊，他先後任命了好幾位總司令。在柏爾所著《十三世達賴喇嘛傳》一書中說：「到 1925 年，達賴喇嘛日益堅定地撇開英國，轉向中國。同年，他任命一位叫龍夏的官員為藏軍總司令。龍夏明顯反英。我們的老朋友、前任總司令擦絨，一貫親英，這時他已失去了大部分權力，繼而被貶職。1926 年，英國在江孜的學校被關閉。」[96]十三世達賴喇嘛是一位非常熱愛中國，對推動西藏的

---

96 （英）柏爾：《十三世達賴喇嘛傳》，馮其友等譯，第 365-366 頁，西藏社會科學院西藏學漢文文獻編輯室，1985 年編印。

經濟、文化、軍事等迅速發展抱有雄心的人。他在多年的實踐中逐漸識破英國人的侵略陰謀，清楚地認識到加深漢藏民族兄弟情誼、改善中央政府與西藏地方政府之間的關係實為上策，於是在藏曆土龍（1928）年冬，先後派西藏駐五臺山堪布羅桑巴桑和駐北京雍和宮堪布貢覺仲尼到南京，向國民政府表示其本人絕無聯英對抗中國的思想，表示擁護班禪返回西藏。鐵馬（1930）年，國民政府委派貢覺仲尼為「赴藏慰問專員」，前往西藏。與此同時，國民政府文官處官員劉曼卿亦受派來到西藏。他們先後向達賴喇嘛遞交了蔣介石的親筆信，西藏地方政府亦按慣例盛情款待了他們。貢覺仲尼等人此次來藏主要目的是恢復中央與西藏地方政府之間的直接連繫。貢覺仲尼等解釋來藏的目的之後，按國民政府蒙藏委員會指示，提出了「關於西藏問題如何解決」的八條意見。

　　西藏與中央關係應如何恢復？
　　中央對西藏統治權如何行使？
　　西藏地方自治權如何規定？
　　達賴班禪是否加入中國國民黨？
　　達賴班禪在西藏政教上地位與權限一律照舊？抑或另行規定？
　　班禪回藏，達賴如何歡迎？
　　達賴是否在南京設立辦事處以便隨時接洽？
　　西藏對於中央有無其他希望？

　　對這八條意見，噶廈作了詳細答覆，並表示了擁戴中央政府之意。

　　藏曆鐵羊（1931）年，西藏地方政府派貢覺仲尼、楚臣且增等官

員前往南京，正式建立了西藏駐南京、北平等地辦事處，貢覺仲尼還擔任了駐京總代表，使中央政府與西藏地方政府之間的關係得到了新的發展。

十一、十三世達賴圓寂，西藏統治階級內部權利之爭

水雞（1933）年十月十三日，達賴喇嘛土登嘉措，感到身體欠安。經多方救治，仍不見好轉。十月三十日下午六時左右，十三世達賴喇嘛在羅布林卡的格桑頗章宮圓寂，享年五十八歲。

是年十二月二十二日，噶廈召開特別會議，討論建造達賴靈塔問題。與會代表一致認為，十三世達賴喇嘛對西藏僧俗人民恩重如山，因此要建造一座殊勝金靈塔。同時，噶廈按慣例，向中央政府呈報了十三世達賴喇嘛圓寂的消息。一九三四年一月十二日，國民政府派參謀本部次長兼邊務組主任黃慕松為入藏致祭達賴喇嘛的專使。

十三世達賴喇嘛在世時，擦絨·達桑占堆、孜本龍廈·多吉次傑，以及侍從土登貢培的權勢都很大，已引起各級僧俗官員的不滿。此時，他們之間又開始了激烈的權力鬥爭。結果兩敗俱傷，先是擦絨被革去噶倫之職，接著是土登貢培涉嫌達賴之死，而遭流放。最後，紅極一時的龍廈因鼓吹「民主」，而被剜去雙眼，處以終生監禁。

藏曆木狗（1934）年四月，國民政府致祭達賴喇嘛的專使黃慕松等抵達達薩，噶廈派員前往迎接，盛況空前。黃慕松抵拉薩後，便按

慣例，前往各寺朝佛，並廣為布施，然後在布達拉宮舉行了追封達賴喇嘛為「護國弘化普慈圓覺大師」的典禮向達賴遺像獻了玉冊玉印，同時為建造達賴靈塔捐贈了大量的金銀珠寶。十月一日，又參加了在布達拉宮舉行的致祭典禮。中央專使黃慕松等在西藏居住了三個月，與噶廈就改善中央與西藏地方之間的關係舉行了多次會談。會談中，黃慕松強調指出：中央對西藏的基本方針是依照孫中山遺囑，以民族平等為基礎，除外交、國防、與外國通商等重大事情由中央負責外，其餘問題均依舊歸西藏地方政府掌握處理，要消除中央與西藏地方政府之間的隔閡，發展西藏的建設。此時，英帝看到漢藏關係日趨密切，深為不安，特派懷特等人到西藏，極力破壞中央政府與西藏的關係。

黃慕松再次與西藏地方官員進行會談時，根據中央政府的指示，提出了如下幾條談判原則：

1、西藏為中國領土之一部分；西藏服從中央。這兩條是前提。

2、關於西藏政治制度：甲、共同尊崇佛教；乙、保持西藏原有政治制度，許可西藏自治，西藏自治範圍之行政，中央不干預。其對外，則必共同一致，凡全國一致性之國家行政，歸中央政府掌理，如：（1）外交歸中央主持。（2）國防歸中央策劃。（3）交通歸中央設施。（4）重要官吏，經西藏自治政府選定後，呈請中央任命。

3、中央派大員常駐川藏，代表中央執行國家行政，指導地方自治。西藏地方政府在對上述方案經過討論後提出了對外西藏為中國之領土，中國須答應不將西藏改為行省；西藏之現有政教制度，應依舊自權自主；西藏可駐漢政府代表官一員，但主僕人數不得超過二十五

人；常住西藏之漢民歸西藏農務局管理等十條意見。從答覆的內容看，少數西藏統治者在英帝的唆使下，仍堅持著西姆拉會議期間的錯誤路線。

黃慕松見在短期內無法解決，即商得噶廈同意，留專使行署人員並電臺於拉薩，以保持與噶廈的接觸和中央的聯絡，此即為蒙藏委員會駐藏辦事處的前身。十二月十八日，黃慕松等離開拉薩，取道印度回到南京。

十二、認定十三世達賴喇嘛的轉世，十四世達賴喇嘛坐床

為了探明靈童是否轉世，轉世在何方，木豬（1935）年五月，攝政熱振活佛等前往曲科傑寺，隆重酬補以吉祥咒語天女為首的護法神，然後熱振攝政三次前往該寺東北方向的天女魂湖觀湖景，所看到的湖中景觀即達賴喇嘛出生地，因保密沒有一個隨從知曉。隨後，西藏小型官員會議決定派人分三路去青海、達布、工布及西康一帶尋找轉世靈童。

前往青海的格烏倉活佛等人在塔爾寺附近夏麥達次的小村子裡發現了木豬年（1935 年）五月五日出生的一個小孩。他叫拉木登珠，具有與眾不同的吉兆。該男孩出生地的景觀與熱振活佛從神湖中看到的完全一致。但是，青海軍閥馬步芳及塔爾寺拉吉則推諉拖延，提出要在當地驗明是否真靈童。迎請人員一再解釋說靈童候選人都需迎回拉薩，按照宗教儀軌進行認定，並再三要求允許迎回西藏。馬步芳遂

勒索四十萬大洋作為靈童迎回西藏的代價。在這種情況下，熱振活佛不得不呈報給國民政府。經中央政府下令，並撥給護送費十萬元，馬步芳這才派兵護送靈童入藏。

藏曆土兔（1939）年六月十八日，在布達拉宮舉行的西藏擴大會議上，全體司倫和噶倫通過仲孜宣佈，對幾名達賴候選靈童先後進行了認真考察，認為生於青海當采地方的拉木登珠實屬達賴候選靈童，會議要求各界拋開邪念上書指明。根據這一要求，三大寺及政府僧俗官員聯名上書：認定出生在塔爾寺當采地方的男孩為達賴轉世是我們的共同心願。十日晨，轉世靈童身穿法衣，榮登法座。噶倫本雪巴・次旦多吉以西藏地方政府的總代表身分向他敬獻曼遮和三寶，並轉呈攝政熱振、噶廈、全藏會議聯名確認該靈童為唯一轉世靈童的冊本。然後全體官員依次敬獻哈達，接受加持摩頂，靈童遂被迎至拉薩。

靈童抵達拉薩後，首先被攝政熱振等迎請到大昭寺朝拜釋迦牟尼佛像，而後迎往羅布林卡。十月十二日，攝政熱振和侍讀達扎兩人分別擔任靈童的正副佛師，十三日，靈童被迎請到大昭寺，在釋迦牟尼等佛像前由攝政熱振活佛剃去發新，取法名為強白阿旺羅桑益西丹增嘉措斯松旺久宗巴麥。

一九四〇年一月十五日，中央政府派往西藏會同熱振活佛主持達賴喇嘛轉世事宜的蒙藏委員長吳忠信一行到達拉薩，受到了噶廈和西藏僧俗民眾的熱烈歡迎和隆重款待。吳忠信到藏後，堅持必須保有中央對靈童的察看權，並在取得察看權後，核查了熱振活佛認定靈童理由的長函，始上報國民政府，請求免於掣簽，承認拉木登珠為真正轉世靈童。二月五日，中央政府正式頒令，准予拉木登珠繼任為十四世

達賴喇嘛。這一切引起了英帝及親英派的不滿，英帝也派駐錫金行政官古德一行十人到拉薩。他們名義上是來參加達賴坐床典禮，實際上是來監視吳忠信之行，破壞漢藏民族之關係。由於英帝的唆使，在達賴喇嘛坐床儀式方面和座位問題上發生了一些爭執。吳忠信堅持原則，在熱振活佛等的支持下，使英國人的陰謀破產。

鐵龍（1940）年正月十四日（有的文獻中寫為二十日），在布達拉宮正殿舉行了隆重的達賴喇嘛坐床典禮，吳忠信座位在達賴喇嘛之左，面南平坐，當靈童登上由雙獅托起的寶座時，按慣例由噶倫喇嘛丹巴強央和總堪布阿旺丹增兩人扶上了法座。

吳忠信在藏期間還按中央政府指示，封熱振活佛為「輔國宏化禪師」，並於四月一日，在拉薩正式成立了蒙藏委員會駐藏辦事處，使西藏與中央的連繫更趨緊密。吳忠信一行是四月十四日離開拉薩，經海路回到南京的。

十三、熱振活佛和達札活佛先後出任攝政，熱達之爭

十三世達賴喇嘛圓寂不久，噶廈召開了西藏擴大會議，討論攝政候選人問題，把受達賴重用的熱振土登強白益西、以及甘丹寺赤巴米娘·益西旺丹和佛師普爾覺活佛強巴土登三人的名簽送到布達拉宮帕巴洛格夏日觀音神像前抽籤。結果抽中的是熱振呼圖克圖，遂由他出任攝政，司倫朗頓依舊任司倫，協同他執政。熱振活佛繼任攝政後，與司倫朗頓·貢嘎旺久一起執政五年，但兩人常發生意見分歧。土虎

（1938）年，熱振即向噶廈提出辭呈。噶廈西藏官員會議商議後，要求熱振活佛繼續挑起政教重擔，直到達賴喇嘛親政為止，同時向攝政保證遵從命令。土兔（1993）年，攝政熱振再次向噶廈表明已見，說：「過去的歷代攝政無協同者，而我任職時卻一教二佛，這對迎請達賴轉世靈童等工作多有不便，帶來許多阻力。」噶廈遂召開官員會議，進行討論，為了順利迎請轉世靈童，決定由熱振繼續擔任攝政，司倫朗頓因沒有大的過失，被安排卸任，薪俸照舊。

自此，熱振活佛全面執政完成了迎請轉世靈童、坐床、剃去髮新、取名等眾多事務，並為漢藏民族關係方面作了許多事情。

藏曆鐵龍（1940）年，對熱振活佛大為不滿的親英派貼出字條，其中說熱振未曾受過戒，因此無權為達賴轉世靈童授比丘戒，要求更改受戒時間等。攝政熱振在輿論的壓力下不知所措，連他最為信賴的占卜喇嘛森格也勸其辭職避凶。熱振活佛遂向噶廈提出辭去攝政與經師職務，推薦達賴喇嘛的副經師達札為攝政，並報中央政府。當時社會上流傳說，熱達之間密切的師徒關係，交權年邁的達札是為了將來便於收回政權等等。

藏曆鐵蛇（1941）年元月一日，達札接職上任。他上任後，對索康·旺清格勒、夏格巴·旺秋德丹等親英派委以重任，大搞分裂中國的陰謀活動。如水馬（1942）年四月二十三日，非法建立所謂外交局，通知英國、尼泊爾駐拉薩代表，同時也通知蒙藏委員會駐藏辦事處，以後凡有接洽事件，不能直接見噶廈，必須先向外交局商談轉呈等。駐藏辦事處按照中央政府的指示，堅持不與其發生關系，使達札陷入了束手無策的境地。藏曆火豬（1947）年，在印度新德里召開泛

亞洲會議，會議把西藏了當作一個國家邀請，並把藏軍的雪山獅子旗作為國旗，懸掛在主席臺上。由於中央政府和全國人民的強烈譴責，這次非法的陰謀活動遭到徹底失敗，親英派在惱羞成怒之下，策劃了「熱振事件」。

熱振事件的主要起因是這樣的：原約定達札在任職三年後，把攝政位歸還熱振。可是三年期滿，達札卻無動於衷。這時熱振活佛與親信磋商後，以參加結札倉大經堂開光典禮的名義，前往拉薩，向達札提出復位要求。熱振到拉薩後，就前往拜見達賴喇嘛和達札並與達札一起來到他的寢宮。熱振對達札談到了以年邁之軀繼續攝政可能會疲憊不堪，這次特意前來拜訪等等。札達卻避開以上問題，只是禮節性地說了幾句客套話。此後，熱達二人屬下官員之間的權力爭奪更加激烈，達札的管家等堅決反對將攝政權交還熱振。達札聽信讒言，將西藏地方政府要害部門中的熱振派系僧俗官員、三大寺堪布或調動、或清洗，由自己人取而代之。

熱振是位維護中國統一，維護民族團結的愛國主義者。而對西藏的局勢，他先後派人向中央政府稟報藏情，並要求給予必要的支持，但沒有得到滿意的答覆。當時愛國力量與親英派之間爭權奪力的鬥爭日趨尖銳、複雜化，達扎等人藉口熱振派系有不軌行為，大造熱振派系派人送定時炸彈，企圖暗殺達札，熱振與色拉寺勾結准備推翻達札政權等興論。藏曆火豬（1947）年二月，噶倫索康·旺清格勒、拉魯·才旺多吉奉命率藏軍二百多名日夜兼程前往熱振寺逮捕熱振活佛。索康·旺清格勒等假裝迎請，把熱振挾持到拉薩，對外卻說要經東卓堆，或西面的堆龍前往拉薩，並在兩處地方佈滿了藏軍，使截擊的愛國僧侶受騙，未能救出熱振活佛。熱振被直接帶到布達拉宮，關

在夏慶覺。色拉寺結札倉為營救熱振，與西藏地方政府發生衝突，終因武器落後，沒有戰鬥經驗等，於火豬（1947）年三月八日失去了對烏孜的控制權。在幾天的激戰中，十幾名僧人喪命，不少人受傷，整個寺廟幾乎被洗劫一空。

熱振被捕入獄後，親英派把與熱振有仇的人派去看守，並多次提審熱振。提審時，熱振強調說，自己沒有做過任何有害於西藏政教之事。此後熱振患病不起，發出的數封求救信都落到達札手中。火豬（1947）年三月八日黎明時分，熱振活佛圓寂。對熱振的死因，社會上有許多傳聞。據說，堪窮欽繞羅布對熱振作了診察，一些僧俗官員也對遺體進行了全面檢查，表明是中毒死亡。這當然是達札派系乘熱振患病之際下毒致死的。當時拉薩還流傳這樣一首民謠：「善搞挑撥離間的人，不是魔鬼還是什麼？殺死熱振不為正義，是為換取拉薩監官。」親英派暗害熱振後，全面控制了西藏的政權。

熱振被害的消息傳開後，引起西藏人民，尤其是熱振寺和色拉寺僧侶的極大悲憤。他們殺死了留守在熱振寺的十六名藏軍。噶廈得知這一消息後，又派藏軍前往熱振寺，與僧人激戰數晝夜，最後寺僧大敗，寺內財物被洗劫一空，寺廟成了淒涼之地。自此，達札等親英派更是肆無忌憚，做出了一系列破壞中國統一的事情。

十四、西藏人民獲得新生

火豬（1947）年十月，噶廈組織了一個由孜本夏格巴等為成員的「商務考察代表團」，聲稱前往美、英等國進行考察，實際上是企圖

勾結美英及印度等國，為獨立爭取支持。國民政府曾勸說該團不要出國，可他們未予理會，私下與美英等國駐南京大使勾結辦理了護照及有關事宜。他們佯裝返回西藏，中英政府即送其外匯等厚禮，並特派飛機送至香港。並在那裡以商務為名，進行獨立活動等。他們在各國的活動都碰了釘子，最終於土鼠（1948）年底取道印度回到西藏。

1949 年，全國解放在即。印度駐西藏代表黎吉生見勢不好，便對其追隨者土登丹達、索康等人說，拉薩有共產黨，若讓他們繼續留在拉薩，將會裡應外合，使西藏納入漢人統治之下。於是，噶廈於土牛（1949）年七月，驅逐了常駐拉薩的駐藏辦事處官員，甚至散佈在藏漢之間只有宗教關係，沒有主權關係等謠言。是年八月，美國特務勞爾·湯姆斯又到西藏，公然干涉中國的內政，鼓動西藏上層反動派擴充藏軍，與人民解放軍對抗到底。

藏曆土牛（1949）年 10 月 1 日，毛澤東主席站在天安門城樓，向全世界莊嚴宣告中華人民共和國的誕生。但是中國邊陲的西藏農奴還在苦海裡掙扎，他們急切地期待著幸福的太陽照亮西藏。就在這時《人民日報》發表了題為《中國人民一定要解放西藏》的社論，美英帝國主義及其追隨者對此非常恐慌，製造了種種障礙。中央人民政府對西藏地方進行了耐心勸導，派格西喜繞嘉措等多人前往西藏勸導，但都被阻。中央政府還通過電臺宣傳黨的民族平等、宗教信仰自由等政策，為驅逐帝國主義勢力，使西藏回到中國大家庭做了許多工作。為了促成中央人民政府與西藏地方政府之間的和平談判，藏曆鐵虎（1950）年七月十日，西康的格達活佛受派入藏。他於二十四日抵達昌都後，向僧俗官員作了宣傳和勸導工作，並提出會晤達賴喇嘛，昌都總管立刻向噶廈稟報了格達活佛的情況。噶廈回覆說：「不准格達

活佛前來拉薩，也不准放回去。」噶廈想的是，萬一在帝國主義的支持下徵集大批藏軍和民兵，對抗解放軍之事失敗，可通過格達活佛與中央進行和平談判。昌都總管按照噶廈的命令把格達活佛扣留在昌都。藏曆八月二十二日，格達活佛突然在昌都去世。對他的死有各種說法，但後來的調查表明格達突然去世，是用錯藥而致死的。（據檔案記載，是英國特務福特下毒害死了格達活佛。——編者注）

格達活佛是德高望重的愛國者，早在當年紅軍長征路過甘孜地區時，他就動員藏族群眾支援紅軍，曾任博巴政府的副主席。此次，他又不顧個人安危毅然前往昌都，最終為和平解放西藏獻出了寶貴的生命。他這種愛國主義精神是值得我們永遠學習的。

為了消除和平解放西藏的內外障礙，使西藏早日回到中國大家庭的懷抱，人民解放軍準備進軍昌都。這個消息被達札等人得知後，更感驚恐。於是，他們勾結帝國主義運進大批武器，組建部隊，企圖阻擋大軍進藏。但歷史車輪是擋不住的。鐵虎（1950）年十月七日，人民解放軍進攻昌都，消滅藏軍主力和民兵五七三八名。十月十一日，駐守芒康的藏軍代本起義。十五日，解放軍徹底解放昌都。昌都的解放使帝國主義及其走狗遭到了沉重的打擊，他們氣急敗壞地叫嚷不止。十月三十一日，英國的報紙公然說什麼「中國擁有西藏主權，這在歷史上毫無根據可尋」。美聯社也叫嚷「要調查中國派兵侵占西藏是否合法」等等。

此時，西藏統治者內部矛盾日趨熱化，由達賴喇嘛接管政教大權的呼聲越來越強烈。鐵虎（1950）年十月八日，達賴喇嘛正式親政。人民解放軍占領昌都後，西藏地方政府多次舉行祕密會議，要求達賴

喇嘛前往亞東避風。同年十一月十一日，達賴喇嘛任命堪窮羅桑扎西、孜本德卡瓦次旺繞旦二人為代理攝政後就前往亞東避風。當時，一小撮親帝派提出迎請達賴到國外，爭取西藏獨立等，但在西藏地方政府的大部分官員及三大寺代表，特別是廣大僧俗群眾的堅決反對下，這個陰謀未能得逞。許多愛國官員認為投靠外國，搞西藏獨立是行不通的，只有與中央政府進行和平談判，實現和平解放才是唯一正確的途徑。這個想法受到絕大多數僧俗官員的擁護，從而按照中央人民政府提出的要求，組成了以阿沛·阿旺晉美為團長，凱墨·索朗旺堆、土登丹達、土登列門、桑頗·丹增頓珠等為團員的談判代表團。中央人民政府也任命李維漢、張經武、張國華、孫志遠等為全權談判代表，由李維漢擔任團長。鐵兔（1951）年四月二十九日，中央人民政府與西藏地方政府的和談正式舉行。雙方代表在黨的民族政策和西藏實際的基礎上進行了多次友好的會談，氣氛是和睦、友好的。五月二十三日在中南海勤政殿，中央人民政府全權代表和西藏地方政府全權代表關於和平解放西藏辦法的十七條協議簽字儀式隆重舉行。十七條協議明確地規定了中央人民政府與西藏地方政府之間各方面的關係準則，正確處理了西藏內部歷史上遺留下的主要問題，因而受到了達賴喇嘛、多數僧俗官員以及廣大群眾的擁護。

十七條協議簽字後，達賴喇嘛致電毛主席，表示西藏地方政府及藏族僧俗人民一致擁護十七條協議，要「在毛主席及中央人民政府領導下，積極協助人民解放軍進藏部隊，鞏固國防，驅逐帝國主義勢力出西藏，保衛中國領土主權的統一。」[97]

---

97 土登丹達：《「關於和平解放西藏辦法的協議」簽訂前後》，《西藏文史資料選輯》第一輯，第 44 頁。

藏曆鐵兔（1951）年五月十八日，達賴喇嘛丹增嘉措離開亞東前往拉薩，六月十五日抵達拉薩，使帝國主義及其走狗的陰謀徹底破了產。西藏回到了中國大家庭的懷抱中，從此吉祥的太陽從東方升起，照亮了整個西藏高原。西藏各族人民在中國共產黨的正確領導下，同其他兄弟民族一樣享受著民族平等的權利，使西藏的政治、經濟、文化等各項事業發生日新月異的變化，真正當家作了主人。

甘丹頗章時期部分智者的簡況

一、藏醫曆算大師欽繞羅布

　　甘丹頗章政權統治西藏地方三百年期間，出現了無數精通顯密經論的賢哲，不要說介紹他們的簡況，就連名字也難以一一列出。因此，在此僅介紹幾位二十世紀對西藏文化有特殊貢獻的聖智。

　　欽繞羅佈於西元一八八三年藏曆十五繞迴水羊年出生在西藏澤當的甲薩廟附近，七、八歲時在澤當俄曲扎倉出家。他聰慧、勤奮，學業成績比同齡人優異。因此，被寺院作為優等生選送到藥學校。

　　他於一八九七（火雞）年到藥王山藏醫學校先從師於藏醫師色拉寺德慶林藥師阿旺曲丹。他一心撲在學習上，過著清貧的僧侶生活，但學習成績優異，很快成為達賴喇嘛的保健醫生俄希・強巴土旺作為特別培養對象的三名學生之一。此後，他熟讀了《四部醫典》及其注釋《藍琉璃》等醫典，並在實踐中領悟其要點。他還拜多位精通五明的智者為師，如飢似渴地學習藏醫、天文曆法等。他尤為珍惜時間，

每天中午只是用幾塊餅子充飢，然後又勤奮學習。他只有在考好一門主要科目後，才去市內的飯館飽餐一頓。如果所學科目不太熟，或回答問題稍有差錯就滴水不進，以懲罰自己。

西元一九一〇（藏曆鐵狗）年，藥王山藏醫學校委任欽繞羅布為哲蚌寺藥師。這期間，他除治病救人外，開始研究醫典，撰寫醫著。西元一九一三（藏曆水牛）年，他因高明的醫術被派往印度。在那裡，他治好了一些來自英國以及印度的重症病人，獲得普遍讚譽，使獨特的藏醫名揚四方。

藏曆第十五繞迴火龍（1916）年，十三世達賴喇嘛下令創辦了集藏醫教學、診治疾病、配製藥物、推算藏曆、兼學文化於一體的利眾藏醫曆算學院，特別委任欽繞羅布為孜仲勒參，兼任該學院院長及導師和藥王山曼巴扎倉之導師。這個學校的主要任務是為各寺院培養藏醫曆算人才，並推算年曆，為群眾門診，向各地提供幼兒醫療保健常識等。自此，他不分晝夜，辛勤工作，創立校規和嚴格的考試辦法，培養了不少合格的藏醫人才，推動了藏醫事業的發展。在欽繞羅布兼任藏醫曆算學院院長的十二年裡，他「全面負責該扎倉的內外事務，使該寺在嚴守戒規、教學等方面繁榮發展。特別值得一提的是該扎倉收藏的八十一幅彩色掛圖（第悉桑結嘉措繪製）當時只剩三十一幅。先師按達賴的旨意，於水豬（1923）年，重新繪製彩色掛圖，以填補空缺部分，使這幅直觀形象的教學模具能夠完整保存至今。」[98]藏曆土馬（1918）年十三世達賴喇嘛委任欽繞羅布為其副保健醫生。木牛（1925）年藥王山寺院的一些僧人以欽繞羅布脾氣暴躁一事向布達拉

---

[98] 《照亮藥王山之歷史明燈》第 177 頁。

宮秘書機構誣告他，使其不得不停止一切職務。他被免去藥王山扎倉主持後，仍長期擔任達賴喇嘛的保健醫生。藏曆水猴（1932）年，達賴喇嘛患感冒，不久即謝世。保健醫生強巴因給達賴喇嘛服藥問題遭到懲處，而欽繞羅布因一年前就被免去醫生職務，因此未受牽連。據說他領悟到達賴喇嘛為什麼要那樣對待自己的意圖時，更激起對達賴喇嘛的敬仰之情，常把自己當時的感受告訴學生。

熱振任攝政期間，欽繞羅布被提升為地方政府的堪窮。藏曆火雞（1957）年，他被十四世達賴喇嘛封為侍從達爾罕大堪布。一九六一（土牛）年又被任命為拉薩藏醫曆算學院院長，次年又當選為全國政協委員，享受國家發給的工資待遇等。藏曆第十繞迥水虎（1962）年十月二十八日，欽繞羅布離開人世，享年八十歲。

欽繞羅布大師生前著述頗豐，這些著作經久不衰，廣為受用。他為了藏醫曆算的弘揚和學生學習之便，還把脈絡圖樣、火炙治療法詳圖、第悉桑結嘉措時期由羅扎・旦增羅布照人體所畫體腔線條圖樣，一目顯現《四部醫典》章節圖案、時輪派世界圖、日月星辰環繞運行圖等繪在藏醫曆算院大講堂的牆上。

一九五二（藏曆水龍）年，欽繞羅布七十高齡時寫成了《廣釋醫學》一書。他在此書備考裡說：「我被一時間盛行的良藥療法、外科手術以及醫療器械等所吸引。」[99] 這充分說明了他是一位熱心現代科學技術的醫學家。

欽繞羅布生前培養了許多藏醫曆算學家，對藏醫曆算的發展，作

---

99 《傳略有緣者迷人》第 90 頁。

出了不朽的功績。

二、近代著名學者根敦群培

　　著名學者根敦群培於藏曆第十五繞迥水兔（1903）年八月出生在今青海省黃南藏族自治州同仁縣。根敦群培四歲起學習寫字，以後又依次聽受了正字法、詩詞和文法等。由於他聰明穎悟，被認為是雅瑪扎西其寺的多扎活佛轉世。此後不久，他到夏瑪爾班智達的寺院底扎寺（今青海省化隆縣境內），拜堪欽根敦嘉措為師，起法名為根敦群培。

　　後來，他又去安多地區著名的拉卜楞寺，入參尼扎倉，逐步升到般若班級，獲得了大學者的聲譽，還畫得一手好畫。他不像別的僧人只是重複舊有的說法，而是做到徹底理解和正確掌握，有自己的思考和出色的分析，形成獨到的見解。由於根敦群培具有極高的辯才，因此當他在寺裡舉行立宗辯時，以敏銳的眼光和充分的理由對該寺奉為根本經典的一些法相學的書籍提出了不同看法，使一些高僧感到不快，可是沒有人能夠對他加以反駁。由此，他受到各方忌恨和刁難，難以安身。為了尋求正確的教理以決斷疑難，他於一九二七年藏曆十六繞迥火兔年來到西藏。

　　此後，根敦群培入哲蚌寺郭莽扎倉學經，拜格西喜饒嘉措為師繼續學習法相學，並參加辯經。他的辯才在這裡得到充分的發揮，在每年春夏之間的法會上，他都獲得了勝利。在哲蚌寺的五、六年中，他仍像以前那樣對嘉木樣活佛的著作提出一些疑問，因此幾個蒙古學經

僧人，將他痛打一頓。正當他深感失望之時，印度的一個名叫熱乎拉的僧人來到拉薩，希望根敦群培能夠幫助他把譯成藏文的佛典再從藏文譯為梵文。他對根敦群培說：「印度和西藏之間譯師的來往交流已經中斷了很長時期，你如果願意去印度學習梵文在將來成為這方面的翻譯家，就應和我一起到印度。」（《根敦群培生平——清淨顯相》）根敦群培同意了。

根敦群培總共在印度住了十二年。在這期間，他曾在一九三八年與印度的熱乎拉等人一起到了薩迦寺，翻閱了保存在薩迦寺的珍貴的古代梵文貝葉經，而且對許多重要的寫本進行了抄錄。他們從將近四十部的寫本中對《釋量論》和《現觀莊嚴論》等多種寫經作了詳細的登錄。此後，根敦群培再次去印度。為了詳細體會各種宗教的見行，他還找機會去小乘佛教弘傳的

錫蘭島（斯里蘭卡），寫出前所未有的遊記。據說他還繪製了該島優美的自然環境、島上民族的生活狀況等方面生動的圖畫。特別重要的是，他還把世界上其他地方的佛教徒視為佛陀的主要教導，把過去從未譯成藏文的佛經的集要《教法詩》譯成了藏文。根敦群培在印度期間，俄羅斯人羅列赫曾把他請到古魯地方，請他幫助把桂譯師宣努貝所著的《青史》譯成英文。此後，根敦群培還去過加爾各答等城市。後來，英印政府要求他把藏文中的佛典和文化方面的書籍翻譯成英文。為了生活，他不得不接受這一任務。據說，曾有一個美國人（有的說是法國人）和英印政府連繫，打算邀請根敦群培去美國。當時根敦群培接受了邀請，但是英印政府不發給他通行證，還派人跟蹤監視。根敦群培察覺後，心中非常不滿。這時正好赤江活佛和噶倫噶雪巴來信勸他回藏。根敦群培遂辭去當地的工作，回到西藏。

一九四五年藏曆木雞年年初，根敦群培從印度回西藏，途中經過達旺地區。為了考察英帝國主義者在一九一四年非法炮製的「麥克馬洪線」地區的情況，他不懼艱難困苦，長途跋涉。據說他在調查時，還繪製了地圖。人們都認為，這使他受到英國人忌恨，導致了後來無辜被捕。

　　根敦群培回拉薩後，人們紛紛前來請他教授各種典籍。他盡力滿足人們的願望，做到誨人不倦。這期間，他修改和寫定《遊歷記》等著作，開始撰寫《白史》。他通過對藏族史的深入研究，早就感到有重新編寫一部完整的西藏歷史的必要，但因條件不具備而未能動筆。回拉薩後，他認為時機成熟，就將以前在印度居住時得到的從新疆、敦煌等地出土的吐蕃時代的一些文書資料集中起來，在霍爾康・索南邊巴的幫助下，開始寫作。這期間，他還經常去考察吐蕃遺址，抄錄碑文。

　　火狗年四月的一天，郎子轄的兩位米本突然發布命令，將根敦群培逮捕押解到獄，並查封了他的住處，將他的書籍、稿件、資料全部集中起來，一一檢查。當時，統治者利用他是著名畫師這一點，宣稱許多藏幣假鈔圖案是根敦群培畫的。實際上，是因為當時印度（英國）政府祕密通知在拉薩的代表英國人黎吉生，要他把根敦群培在印度加入共產黨的情況通知噶廈。「主子怎樣吩咐，奴才全部照辦」，因此出現了根敦群培被噶廈逮捕的事。

　　根敦群培的學生和親屬聽到這一壞消息後，很快給他送去生活必需品，並為營救他出獄多方奔走，但都沒起作用。

　　根敦群培關押在郎子轄監獄。由於未能找到「罪證」，審訊人員

常對他拷打逼供。在獄中，根敦群培設法給其學生寫了一封信，稱：「……相信這次我的大小罪名究竟是什麼，將來在西藏的有識之士面前定會做出判斷，到那時我也會感到心滿意足」，他還說未寫完的王統歷史只好暫時到此停止，並從獄中捎出一首偈頌作為結束語。

火豬年（1947年）拉薩祈願大法會前夕，按慣例，郎子轄監獄的人犯在法會期間都要轉移到布達拉宮山下的雪巴頂監獄去。由於噶廈始終找不出根敦群培的罪證來，就把他押到雪巴頂監獄後，監禁在監獄上面的一間小屋中，對他的看管也稍微放鬆了一些。法會結束後，其他的人犯都被押回郎子轄監獄，他卻留在了雪巴頂監獄。1949年藏曆土牛年冬季，由哲蚌寺郭莽扎倉擔保，向郎子轄勒空寫了以後守法安分的保證書後，根敦群培才被釋放。

根敦群培在獄中時，想到自己為繼承、發展和弘揚藏族的文化，不顧辛勞和危險，盡了一切力量，而西藏統治者卻敵友顛倒，對他進行超出常理的殘酷迫害，感到極度的失望灰心。在這樣的境遇中，他除了用酒麻醉自己的心靈之外，找不到別的解脫辦法。同情他的人們也只有送去酒食來寬慰他，使他養成了酗酒的習慣。惡劣的環境使根敦群培得了重病。當時與中央代表張經武同來的一位醫術高明的醫生為他檢查了身體，但是他的病已經難以治癒。鐵兔年（1951年）八月十四日下午四時左右，根敦群培在拉薩去世，享年四十八歲。他的手稿由霍爾康・索南邊巴精心收藏，後來幾經周折，霍爾康・索南邊巴將各類手稿收齊，由西藏社會科學院出版了《根敦群培文集》的鉛印本，共計三冊，使其願望得以實現。足令二十世紀的藏族人感到無比自豪。

昌明文庫·悅讀中國 A0607007

西藏簡明通史 下冊

主　　編	恰白·次旦平措
	諾章·吳堅
	平措次仁
版權策畫	李煥芹
發 行 人	陳滿銘
總 經 理	梁錦興
總 編 輯	陳滿銘
副總編輯	張晏瑞
編 輯 所	萬卷樓圖書股份有限公司
排　　版	菩薩蠻數位文化有限公司
印　　刷	維中科技有限公司
封面設計	菩薩蠻數位文化有限公司

出　　版　昌明文化有限公司

桃園市龜山區中原街 32 號

電話 (02)23216565

發　　行　萬卷樓圖書股份有限公司

臺北市羅斯福路二段 41 號 6 樓之 3

電話 (02)23216565

傳真 (02)23218698

電郵 SERVICE@WANJUAN.COM.TW

大陸經銷　廈門外圖臺灣書店有限公司

　　電郵 JKB188@188.COM

ISBN 978-986-496-416-1

2019 年 3 月初版

定價：新臺幣 300 元

如何購買本書：

1. 轉帳購書，請透過以下帳戶

　合作金庫銀行 古亭分行

　戶名：萬卷樓圖書股份有限公司

　帳號：0877717092596

2. 網路購書，請透過萬卷樓網站

　網址 WWW.WANJUAN.COM.TW

大量購書，請直接聯繫我們，將有專人為您

服務。客服：(02)23216565 分機 610

如有缺頁、破損或裝訂錯誤，請寄回更換

國家圖書館出版品預行編目資料

西藏簡明通史 ／ 恰白.次旦平措、諾章·吳堅、
平措次仁主編. -- 初版. -- 桃園市：昌明文化
出版 ; 臺北市：萬卷樓發行, 2019.03
　　冊 ; 　　公分
ISBN 978-986-496-416-1(下冊 ： 平裝)

1.歷史 2.西藏自治區

　676.62　　　　　　　　　　108002903

本著作物由五洲傳播出版社授權大龍樹（廈門）文化傳媒有限公司和萬卷樓圖書股份
有限公司（臺灣）共同出版、發行中文繁體字版版權。

本書為金門大學產學合作成果。　　　　　　校對：江佩璇／華語文學系三年級